Découvrez l'histoire par les archives de presse

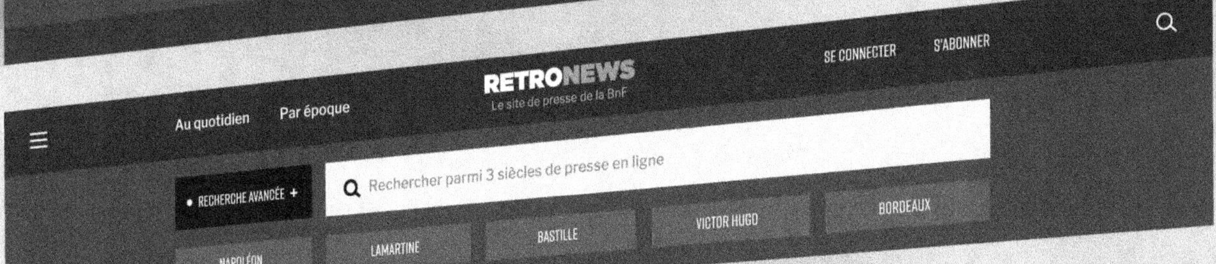

RETRONEWS

Le site de presse de la BnF

www.retronews.fr

GRAVURES HORS TEXTE

TEXTE

LES PROVINCES

La MAISON du LIVRE
3 Rue de la Bienfaisance

NOTRE BUT

EN créant la *Maison du Livre* nous avons aussi voulu la doter d'une publication servant de lien entre les bibliophiles et les artistes dont l'effort s'est tendu vers la publication d'art et qui ont mis leur talent et leurs idées au service du livre.

A côté de pages signées par des littérateurs ou des peintres aimés, se trouvera l'œuvre d'un ignoré qui peut-être devra plus tard à notre revue d'avoir été la première à mettre en relief son talent naissant.

En dehors du *Roman*, des *Contes et Nouvelles*, des *Poèmes*, *l'Œuvre et l'Image* contiendra chaque mois un *Camée artistique*. Ce sera l'étude d'un homme et de son œuvre, de son programme d'art, de son influence sur l'époque. Nous aurons donc notre musée des grands et des célèbres et près de la biographie de l'artiste, du commentaire critique de ses ouvrages, nous placerons toujours de lui quelques planches ou quelques pages.

Ensuite, précédé toujours de la reproduction d'une reliure d'Art, viendra l'article de bibliophilie. La *Maison du Livre* ne serait jamais ce qu'elle rêve d'être si cette question se trouvait négligée. Nous signalerons les belles publications anciennes et modernes et ferons connaître les merveilles enfermées dans les bibliothèques particulières.

L'illustrateur bien connu, l'ami et le connaisseur des livres d'art, Louis Morin, traitera cette rubrique avec l'autorité que personne ne lui conteste.

Et pour tous les passionnés d'éditions rares et irréprochables, encouragée par le succès des *Fleurs du Mal* éditées en juin dernier et qui nous ont semblé devoir être une orientation nouvelle vers le Beau, la *Maison du Livre* publiera des œuvres modernes, ou des pages anciennes, tirées à petit nombre et supérieurement interprétées par l'image. Nous pouvons déjà prévoir l'apparition d'un ouvrage de Pierre Louys, illustré par Rochegrosse, Gervais et Carlos Schwabe.

Ces éditions seront annoncées par *l'Œuvre et l'Image* et nous prierons en temps voulu les bibliophiles de les venir voir à la *Maison du Livre*.

Mais tout en faisant la place grande aux articles de bibliophilie, d'art et de littérature, nous parlerons souvent des questions nouvelles ayant trait à la gravure, à la fabrication du papier à laquelle doivent s'intéresser de plus en plus les bibliophiles, et surtout à l'art du relieur. Chaque numéro sera complété par une *Chronique des armes*, une étude de l'*Art héraldique* par Maxime Trigant de la Tour. La promenade à travers Paris va fournir à Maurice Guillemot, chercheur de choses jolies, la documentation de sa rubrique l'*Art dans tout*, le burin spirituel de Lebègue nous donnera les gaîtés du mois, et même les ventes intéressantes de l'Hôtel Drouot trouveront place en nos pages.

Voilà notre programme; mais pour que réussisse la tâche entreprise, nous demandons à tous ceux qui s'intéressent aux lettres et aux arts l'encouragement et l'aide.

Désireux de faire toujours œuvre belle et bonne, nous accueillerons toute tentative sincère, tout effort vers le Beau, sans parti pris, avec toute la franchise et l'indépendance qui font réussir, croyons-nous, les entreprises utiles et durables.

Nous confions donc le sort de *l'OEuvre et l'Image* à tous les amis du livre, avec l'assurance qu'ils voudront bien répondre à notre appel.

MEUNIER-BERUBÉ.

ÉCHOS

Dans la petite église Saint-Julien des Ménestriers du Vieux Paris de l'Exposition que la pioche attaque à l'heure présente, la Schola Cantorum de Saint-Gervais, sous la direction de Charles Bordes, a pendant six mois donné des auditions très suivies et fait défiler les grandes œuvres, parfois bien impressionnantes, de la musique religieuse à travers les âges.

Au quai de Billy quelques peintures ou plaques tombales rappelaient le passé si curieux de Saint-Julien des Ménestriers, chapelle de la Corporation des jongleurs ménestrels. On a remarqué certaine plaque avec effigie d'un roi des jongleurs du XVe siècle. Il faudrait voir dans l'*Epitaphier de Paris* si elle était bien authentique :

Cy dessoubs gist dont Paradis ait l'âme,
Jehan Picolet froid soubs ceste lame,
Vivant il fust roy des menestriers,
Qui pour iamais lascha les estriers.
A grand meschief, Prévost de Saint-Julien,
Roy des Jongleurs, tousiours home de bien,
Premier seigneur es arts de mélodie,
Suzerain de toute ménestrandie,
Cil qui tousiours fit les autres ouyr,
Luth, Rebec, chants joyeux, soy resjouyr,
Rire, esbaudir, a dict miserere,
L'ame a rendu : Lors est temps de plorer.

.·.   A. R.

Kakemonos : I. — Haussée sur ses mignonnes babouches à talons, le corps indistinctement silhouetté sous les étoffes à ramages, à paillettes, à monstres, à chimères, la taille marquée par une large ceinture dont les franges retombent en effilés, les mains graciles aux ongles pointus sortant des vastes manches, elle apparaît un exquis bibelot d'étagère, et sa tête même a des tons ivoirins barrés de la noire ligne jumelle des sourcils, est couronnée d'une chevelure d'encre dont les coques lisses encadrent le front, dont le chignon cerclé d'un ruban monte comme un diadème, et par-dessus le voile qu'elle élève fait une auréole diaphane, un dais d'élégance et de gracieuseté.

Elle a des gestes rythmiques, moins bizarres que les tournoiements de poignets des Javanaises, moins hiératiques que ces jolies idoles démarquées par Cléo de Mérode, et sa danse de l'éventail est une strophe lamartinienne qui charme et berce, hypnotisante, doucement voluptueuse, jusqu'au moment tragique où la captive s'effondre dans des sanglots, où *la marionnette se casse, pliée en deux,* les bras vides d'énergie, le cœur défaillant.

C'est bien alors, tout l'être à l'abandon, le désastre de la douleur humaine, l'âme partie. Et l'on s'étonne qu'en cette poupée gise ainsi la réalité entière de la vie ; lorsqu'elle prend la résolution de son sacrifice, lorsqu'elle écrit sa lettre d'adieu (comme dans la *Dame aux Camélias*), les mots ponctués de larmes, le pinceau tremblant dans ses mains, les yeux hagards devant le Destin qui s'approche, la Jeunesse défaillante en l'appréhension de la Mort brutale, l'être craintif du meurtre cruel, son corps a des soubresauts spasmodiques, un secouement funèbre, un définitif effroi, d'un vérisme merveilleux.

Telle fut, au théâtre de la Loïe Fuller, Sada Yacco que nous reverrons l'an prochain.

II. — C'est d'abord en un dressement sculptural de toute la silhouette qu'allongent les cannelures du peplum, des gestes nobles et lents d'incantation, les bras raidis de volonté qui ordonne, le visage sévère aux sourcils froncés.

Puis, le corps baissé en avant, des mains comme incitant l'éclosion du feu, appelant les flammes, leur montrant l'espace où elles doivent se lever, apparaître.

Enfin, quand le brasier s'entr'ouvre, c'est, dans le ruissellement des lueurs, une étrange jonglerie tournoyante de métal en fusion qui va, vient, monte, descend, se courbe, glisse, fuit, reparaît, se meut en hélice, croise et mêle ses ondes, enlace, étreint, semble consumer cette femme dont le visage s'aperçoit hypnotisé d'un sourire pâle.

Le Dieu s'apaise, la tourmente s'assagit, et maintenant les tons orangés se limitent de cernures verdâtres, se teintent en des violets et des mauves doux, redeviennent des ocres frêles, se courbent en des volutes calmes que la danseuse à genoux tient au-dessus de sa tête comme le dais d'une vague caressante, immobilise un instant avec un joli geste d'attente et d'effroi, les yeux levés, inquiets. Et le mouvement se répète par un rythme berceur, le flot succédant au flot.

L'irréel ainsi a pris forme, ondoyant, fusible, multicolore, vision infernale ou d'apothéose, griserie des regards, hallu-

cinante ivresse d'une palette de Besnard, arc-en-ciel exacerbé.

— Tout cela, la Loïe Fuller l'obtient avec de simples étoffes qu'elle agite autour d'elle, parmi des projections électriques.

.·.

Exposition de portraits d'artistes dramatiques et lyriques du siècle. — On pourrait aisément appliquer le célèbre vers de Térence à l'acteur, tout ce qui a rapport à lui nous intéresse, nous passionne, et notre boulimie de curiosité excuse vraiment sa vanité professionnelle. Aussi l'idée des Coquelin a été fort applaudie, et la galerie de la rue de Sèze (qui avait sommeillé pendant la Kermesse de 1900 et où nous admirerons le mois prochain les céramiques annuelles de Lachenal) a eu nombreux visiteurs pour contempler les effigies des gloires de la rampe. Le modèle et l'artiste qui en usa concouraient également à l'attraction, le critique d'art y trouva son compte autant que l'amateur des spectacles. N'ayant pas la place d'un long compte rendu, je copie mes notes griffonnées en marge du catalogue.

Antoine a sollicité la verve réaliste d'Ibels et l'exactitude de Bernstamm ; Mme Baretta continue sa jeunesse sous le pinceau de L.-Ed. Fournier ; Mme Bartet inspire tour à tour la religiosité de Dagnan-Bouveret, le florentisme de Courtois, le reynoldisme de Blanche, le mysticisme de Lévy-Dhurmer ; Sarah-Bernhardt apparaît fantastique par la Gandara, charmeuse par Chartran, effroyablement sombre par Jonhston, vraie par elle-même ; Berr a été crayonné par la regrettée Mlle Thomsen sur son album ; Carolus-Duran et Worms nous évoquent le rire de Berthelier ; Leloir a peint Bouffé qui a été sculpté par Mélingue ; la saine et franche nature de Rachel Boyer a tenté l'orientaliste Benjamin-Constant et le misseliste Boutet de Monvel ; Detaille, dont les petits portraits à l'aquarelle sont si précieuses choses (on se rappelle celui d'Offenbach), représente le père Brasseur ; Brémond est peint par sa femme ; Bressant par Giraud ; un rare portrait signé Heilbuth est celui de Madeleine Brohan ; la frimousse drôlette de Céline Chaumont a été saisie par Dalou ; Dantan a fait le buste de Rose Chéri.

Il faut consacrer un alinéa spécial à la collection Coquelin, véritable biographie en couleurs ; la gloire de Constant a été notée par Friant, Charlemont, Louis Leloir, Boldini, Bérand, Duez, Madrazzo, Cazin, Picard, Detaille, Edelfelt, Dagnan, Guth ; celle de Cadet par Dagnan, Madeleine Lemaire, Zorn, Muenier, Ibels, sans compter les statuettes de Bourbier et de Bernstamm.

L'excellent Dailly revit dans une aquarelle-charge de Hamilton ; Daubray s'épanouit dans des toiles d'Abbema, de Gill, de Regamey, de Béthune ; voici encore Debureau ; et Déjazet ; Mlle Delaporte par Jacquet ; Dieudonné et sa fille ; puis la légendaire Mme Doche ; Marie Dorval par Paul Delaroche, brrr ! ; Dupuis par Cain ; Faure par Zorn, Boldini ; Febvre par Louis Leloir ; Henri Monnier laisse des aquarelles de Félicien ; Henner s'inspire de Mlle Henriette Fouquier ; Léandre caricaturiste croque Galipeaux, caricature : Mlle George renaît dans un médaillon de David d'Angers, une miniature de Lagrénée, un plâtre de Mélingue, une lithographie de Fauconnier, un dessin de Giraud ; Jolly a motivé une planche en couleurs de Debucourt ; Laferrière est peint par Dubufe ; Albert Lambert par Sain et Perrier ; Durandeau, un petit maître méconnu, immortalise Lassouche, Paulin-Ménier et Frédéric Lemaître ; Yvon portraicture Marie Laurent ; et Corot, le papa Corot lui-même, Léonide Leblanc ; Duez dessine Le Sueur ; J. Weerts rend finement les traits de Mme Lynnès ; le buste de Marais est signé Bourdelle ; Mlle Mars pose devant Gérard et devant Tassaert ; le vieux Maubant est peint et sculpté par Victor Giraud ; Henry Monnier est tour à tour signé Gavarni et Henry Monnier ; Boldini arpège l'œillade et le sourire de Céline Montaland, Lévy-Dhurmer idéalise encore la candeur de Moreno ; Mounet-Sully, fougueux, violent, brutal, convient à la robustesse de Jean-Paul Laurens ; Blanche Pierson fait elle-même son

portrait ; Boldini et Clairin s'inspirent de Rénée de Pontry ; Rachel nous semble bien lointaine dans le tableau de Muller, si bourgeoisement épigraphié, impressionnante dans le fusain d'O'Connell qui appartient à Sarah Bernhardt ; Régnier est grave par Delaunay, Reichemberg poupée par Saintin, Réjane parlante dans le pastel de Besnard ; la jeunesse en fleurs, la joie de Samary revivent grâce à Renoir et à Carolus ; Sylvain mériterait mieux que ce tableautin de Sain ; Deloye a bien rendu le masque fatigué de Taillade ; Talma a fourni une belle page à Delacroix ; Tessandier-Erynnie est ressemblante par Beaury-Saurel ; on revoit avec intérêt l'ancien pastel de Bob-Walter par Forain.

Il faudrait encore citer les ensembles tels que le foyer du Palais-Royal, la Comédie-Française par Carpeaux, le foyer de l'Odéon, et les deux toiles si connues de Geffroy, les sociétaires de la Comédie-Française de 1840 et de 1864.

.·.

La Revue des Quat'Saisons, n° 2. — L'Exposition étant terminée, on cherche les souvenirs imprimés qui vous en demeurent, et on conclurait au nihilisme malgré les catalogues officiels, les panoramas, et les cartes postales, s'il ne s'était trouvé un délicieux poète, fantaisiste de la plume et du crayon, pour historiographier ce qui n'est plus que cendres. Malgré que Louis Morin voisine avec moi, je ne puis m'empêcher de parler de lui ; que sa modestie tourne la page sans lire, j'en serai plus à l'aise.

Quelque Gervex sera chargé par le commandeur Roujon de tartiner la cérémonie des récompenses et le banquet des maires, quelque Bonnat fera la portraicture de M. Picard, et de multiples photographies continueront un certain temps à nous montrer les hideuses architectures que la pioche met bas, nos petits neveux ne sauraient rien de *la parisine* de 1900 s'il n'y avait cette plaquette exquise, bondée de dessins, où s'illustre merveilleusement cette quasi-phrase de M. Loubet dans son discours de clôture : « ... Une fois de plus, mes chers hôtes, vous nous avez prouvé votre supériorité dans l'art du costume. »

Louis Morin, qui a promené dans la rue de Paris, au Trocadéro, au Champ de Mars, son observation select et ses albums primesautiers, nous redit les danses d'Espagne et d'Orient, notre « Cléo de Mérode, notre ballerine rose et fuselée, au milieu du bronze mouvant de ces enragés Cinghalais, les Danseurs du diable », et s'enthousiasme, comme toute la gent artistique pour Sada Yacco, la Wakiem de 1900 : « Sa mort, au bras du Samouraï chéri, est un délice d'agonie légère, la mort du papillon qui expire sans qu'on sache trop pourquoi, dans un frémissement qui a l'air d'une extase. » Il n'a garde d'oublier aux vitrines du Palais du Costume les imaginations de la mode actuelle, et célèbre la gloire de Paquin, de Rouff, de Sarah Meyer ; il chiffonne en ses vignettes les atours féminins, ajoute sa verve spirituelle à l'invention des grands couturiers, et, se souvenant de Carle Vernet, ne dédaigne pas de tracer des modèles de robes ou de manteaux. Ainsi que le papillon butinant de fleur en fleur, son regard informé cueille pour nous çà et là des visions charmeuses et documentaires, et les silhouettes aquarellées de sa revuette nous sont précieuses autant qu'estampes en couleurs de Debucourt.

M. G.

L'ŒUVRE ET L'IMAGE

(Novembre 1900)

Reliure Maroquin plein cuir incisé et ciselé sur peau de bœuf

Composition et exécution de **Charles Meunier**

Exécutée pour M. Fatio-dans RAISIN (de Genève).

BIBLIOGRAPHIE

LE LIVRE D'ART DE DEMAIN

LE bienfait des Expositions Universelles est de permettre la vue d'ensemble sur dix années d'efforts. Cela peut-il autoriser la critique téméraire à tenter un premier tri dans le monceau des livres où la Postérité aura fort à faire, de ses besicles et de son crochet, pour piquer judicieusement ses élus ?

Tout au moins ce retour sur nous-mêmes et sur les autres nous permettra peut-être de démêler quelles sont les tendances du livre moderne et quels moyens il pourra mettre en œuvre pour se défendre contre ses cruels ennemis : le journal, la photographie, la bicyclette et l'automobile.

⁎ ⁎

Il y a déjà dix-sept ans que Banville, dans son admirable préface de *la Lanterne magique*, constatait que le lecteur contemporain n'avait plus que deux minutes par jour à consacrer à la lecture, et qu'il était de toute urgence de réduire à vingt lignes les histoires qu'on voulait lui raconter. Que dirait le poète aujourd'hui s'il voyait ses lecteurs courir les grand'routes, en teuf-teuf, affublés de ces énormes lunettes bleues qui ne sont certes pas lunettes d'érudits. Il se verrait réduit à glisser quatre lignes dans le journal, entre le bulletin politique et le cours de la Bourse, comme fait l'habile réclamiste du Savon du Congo, car, depuis si longtemps que nos enfants ne demandent plus pour leurs étrennes que des kodaks ou des Clément, les voilà devenus des hommes, et ils n'ont pas souvent pris le chemin de la librairie.

C'est pourquoi les gens de lettres ont envahi les feuilles quotidiennes à trois sous, à deux sous, à un sou! pour contraindre le fugitif lecteur à écouter leurs billevesées. Peine perdue! le journal d'informations suffit à nos jeunes sportmen, et les écrivailleurs peuvent aller conter leurs peines aux étoiles. Ils n'ont même plus les belles paresseuses qui, le coude sur l'oreiller, pleuraient si tendrement au récit des amours imaginaires... dès huit heures madame est partie pour couvrir ses 6o kilomètres quotidiens !

Aussi le livre, si cruellement négligé, a-t-il dû faire des grâces, rac-crocher le lecteur par l'attrait de sa couverture illustrée, le retenir par l'amusement de ses vignettes. Si sportman que l'on soit, on achète tout de même un livre illustré..... parce qu'on sait qu'on ne sera pas forcé de le lire. Si on le lit, *c'est qu'on le voudra bien*, pendant que la machine est en réparations. Autrement on pourra se contenter de le feuilleter, sans peine pour l'esprit, et, cela fait, de l'oublier sur la table du salon, où il restera pour attester les goûts délicats de son acheteur, — ou bien, si c'est un livre de valeur, vite au relieur, pour que celui-ci le transforme en un de ces jolis petits meubles de peau, dorés sur plats, dont les dos ornés, entrevus dans la pénombre de la bibliothèque, apprennent aux visiteurs la haute culture intellectuelle de leur hôte.

Car il y a aujourd'hui deux sortes de livres illustrés. Le 3 fr. 5o, qui se tire sur papier à chandelles, billet pris à la loterie du gros succès aléatoire (car il ne faut pas moins qu'un article de Claretie, de Coppée ou de Mirbeau pour faire mouvoir la bourgeoisie lisante, les uns se servant de roses pour la fouetter, l'autre d'horties). Ce 3 fr. 5o cherche, par des prodiges d'économie dont la continuité semble difficile, à relever le crédit du livre à bon marché, — et le livre d'amateur, qui raffine ses élégances, élève ses prix et raréfie ses exemplaires pour devenir digne du petit fer et du cuir ciselé.

Le 3 fr. 50 restera probablement ce qu'il est, car il semble arrivé au maximum de luxe, et c'est une telle merveille que d'avoir, par exemple, cent Jeanniot pour 3 fr., que nous aurions scrupule de quereller les éditeurs au sujet des procédés employés, car si, d'un côté, la gravure mécanique rend plus sincèrement le trait du dessinateur, le bois seul est bon pour traduire les valeurs qu'il a disposées.

Mais nous avons le devoir d'être plus exigeants pour les ouvrages à petit nombre, puisque leur *façon* est la seule raison de leur prix élevé.

.˙.

Aujourd'hui tout le monde fait des livres d'amateurs, et de beaux livres (ce qui ne veut pas dire qu'ils soient tous réussis) : les éditeurs, les libraires, les imprimeurs, et même, et surtout, les amateurs. Peut-être verrons-nous bientôt le livre fait par l'auteur et vendu à si petit nombre que ce sera presque un ouvrage original qui sortira de ses mains. Aussi original que tel tableau à succès : *la Fuite en Égypte* de Merson par exemple, dont il y a, paraît-il, plusieurs originaux, ou la Nymphe d'Henner, dont les originaux sont si peu différenciés que l'on peut les considérer comme l'*édition* d'un même ouvrage.

Est-ce un mal? Certes non! ces livres porteront davantage l'empreinte d'une main d'artiste. Dans les salons, bondés de tableaux à tel point qu'on n'y peut plus placer un Meissonier grand comme un bouton de guêtre, ils seront l'œuvre d'art sous sa forme la plus restreinte, — l'épaisseur de quelques feuilles de papier.

En même temps l'acheteur va se transformer. Ceux que nous avons connus il y a quelques années, les acheteurs qui achètent *tout,* vont bientôt mourir, étouffés sous le nombre des beaux livres. Leur dernière heure est proche. Une autre race d'amateurs leur succédera, voisine de l'espèce des amateurs de tableaux : des passionnés qui feront un choix, éliront deux ou trois artistes, seront les émules en bibliophilie, les fidèles de Degas ou de Chéret.

Alors il y aura de belles luttes, les uns tenant pour Lepère, les autres pour Leloir, — et cela commence déjà !

Irons-nous jusqu'à l'exemplaire unique, *tiré sur la peau de l'auteur,* qu'avait spirituellement imaginé Henry Somm ? C'est peu probable. Si tel peintre en renom peut fournir jusqu'à sept ou huit redites de son chef-d'œuvre, un illustrateur soucieux de son œuvre peut soigner le tirage de cinquante exemplaires, et l'édition à petit nombre ne se raréfiera probablement pas d'avantage.

C'est le billet de mille, alors, qui paiera le volume d'art, et, les banquiers du livre aidant (comme les banquiers de tableaux qui savent si bien éperonner le désir des snobs amateurs), la petite *cote* pourra s'établir par quelques ventes bien tambourinées, pour le plus grand bien des intermédiaires, des auteurs et des acheteurs. La qualité aura remplacé le nombre.

Que les épouses des amateurs ne s'effraient plus : le livre bien choisi sera devenu placement de père de famille, — pour quelque temps, du moins, car rien n'est éternel, et voici les Millet et les Meissonier qui descendent l'échelle plus rapidement qu'ils ne l'ont escaladée.

*. .

Que sera-t-il, ce livre ?

Mais pourquoi lui tracer des règles ? Il sera très varié, pour répondre à tous les goûts. Nous ne croyons pas qu'il adopte un style, comme les livres du xviiie. Trop d'influences passent dans l'air, tous les jours, et il n'est pas mauvais qu'il soit divers comme la vie, comme les aspects de la nature, comme l'humeur des gens. Nous ne lui demanderons, dans sa double forme, écriture et dessin, que d'être *un*, de nous offrir un ensemble harmonieux où l'œuvre de l'artiste, reproduite sans interprétations traîtresses, voisinera du plus près possible avec la pensée de l'écrivain.

Il faut s'expliquer plus clairement ici, car c'est de l'âme même du livre illustré qu'il est question.

*. .

Ce n'est pas tout que de savoir choisir l'artiste qui doit illustrer l'œuvre d'un écrivain, il faut encore contraindre cet artiste à accepter la responsabilité des planches qui seront mises sous les yeux du public ; cette responsabilité, que les peintres-graveurs recherchent plutôt, les peintres de métier, illustrateurs par accident, l'esquivent trop volontiers.

et il est bon d'attirer l'attention des acheteurs sur cette désertion si nuisible à leurs intérêts.

Comment! ce peintre, consciencieux à l'excès, qui ne permettrait à personne de donner un coup de pinceau dans ses toiles et qui affiche tant de mépris pour ceux de ses confrères qui font *travailler* leurs fonds par leurs élèves ou par des manœuvres, ce peintre-là admet que l'aquarelle qu'il livre à l'éditeur pour l'illustration ne serve que de thème au travail du graveur reproducteur, de sorte que la planche qui porte sa signature n'est, la plupart du temps, qu'une trahison de son aquarelle ou de son dessin original. Admettons un moment que la gravure soit parfaite, elle n'en a pas plus d'intérêt pour celui qui goûte réellement une œuvre d'art et qui lui accorde dans sa pensée la haute place à laquelle elle a droit, car la saveur nerveuse que la main de l'artiste donne à son ouvrage n'est pas transmissible et, si parfait que soit le travail de son reproducteur, c'est un travail différent, et où la fleur d'improvisation a disparu.

Mettez en regard les esquisses de Frago pour les *Contes* de la Fontaine et leur gravure, les dessins de Watteau et leur interprétation par Boucher, qui, cependant, n'était pas lui-même un artiste de mince valeur!... Les exemples sont trop nombreux pour qu'il soit nécessaire d'insister, et tous les artistes savent combien le travail recommencé par eux-mêmes est inférieur à leur premier travail.

Le seul résultat obtenu ne peut toucher que les ignorants d'art : c'est le finissement de la planche, la planche trop soignée, où il y a plus de soin que d'art.

C'est le défaut de bien des ouvrages du xvii⁰ et du xviii⁰, et l'indice que la culture des amateurs du temps était un peu sommaire.

De nos jours l'éducation du public s'est beaucoup faite à ce sujet, surtout depuis une trentaine d'années. Tout le monde a compris pourquoi une esquisse de Frago vaut vingt mille francs, pendant qu'une belle gravure du temps d'après l'un de ses tableaux les plus poussés vaut cent francs, et pourquoi les eaux-fortes originales de Rembrandt, de Tiepolo ou de Goya sont plus recherchées que les ouvrages d'Audran ou de Marc-Antoine.

Et quand ces vérités seront définitivement admises, les amateurs sentiront que, ayant entre les mains les ouvrages de Louis Legrand, de Lepère, de Rops etc., des peintres-graveurs originaux en un mot, ils ont sous les yeux la fleur de l'art d'illustration de ce temps, des ouvrages d'une valeur certaine.

Est-ce à dire que nous prétendions condamner Rochegrosse ou Gervais à perdre un temps précieux pour graver eux-mêmes, à l'eau-forte, leurs compositions ?

Pas du tout. Mais nous voudrions que les peintres qui veulent être des illustrateurs s'adressent plutôt aux procédés mécaniques de reproduction, si sincères aujourd'hui, et qu'ils se fassent au moins assez graveurs pour pouvoir retoucher eux-mêmes leurs photogravures. C'est le seul moyen qu'ils aient de garder la responsabilité de leur travail.

Tout le monde sait que beaucoup de peintres-graveurs se font faire *des dessous*. C'est le secret de Polichinelle. Ils n'ont que le tort de ne pas le dire très franchement. Qui de nous ne s'est amusé du mal puéril que se donnent certains graveurs pour prouver qu'ils ignorent absolument l'aide de la photogravure ? Si l'artiste a corrigé lui-même sa planche, s'il est arrivé à ce résultat nécessaire, — se contenter lui-même, nous tenons le procédé pour excellent, car l'aide mécanique est la meilleure, parce qu'impersonnelle, partout où elle simplifie le travail matériel de l'artiste sans influer sur sa vision.

C'est pour cela que les procédés mécaniques ont tué la gravure de reproduction pour la reproduction des tableaux de maîtres : l'héliogravure nous donne mieux Reynolds que le meilleur graveur ne pourrait faire. Une valeur ne s'ajouterait-elle pas à ce cuivre si Reynolds pouvait le juger lui-même, retoucher ses défectuosités et y apposer sa griffe en témoignage de pleine satisfaction ?

A ce sujet l'opinion de certains amateurs a besoin d'être combattue, car leur mépris de la reproduction directe dans les ouvrages d'illustration est tout à fait déraisonnable. C'est, par une singulière aberration, préférer le mensonge à la demi-vérité, sous prétexte qu'on ne peut pas toujours avoir la vérité tout entière.

Si nous défendons avec chaleur ces idées, c'est qu'il nous semble très certain que l'art de demain ne sera plus si méprisant pour la machine, il tâchera, tout au contraire, d'user de son aide au grand jour, sans hypocrisie, quand il n'aura plus la peur de ce triste esprit rétrograde, l'esprit

du petit Thiers qui déclarait gravement, à la Chambre, que les chemins
de fer étaient une utopie, et que les machines patineraient toujours sur
les rails. Les procédés mécaniques sont excellents quand c'est un véritable artiste qui les emploie : il sait toujours les contraindre à subir ses
nerfs et à rendre son émotion.

*
* *

Les lignes qui précèdent ont trait aux moyens d'expression du livre
futur. Quant à l'essence même de l'illustration, à sa compréhension
du texte, nous nous déclarons très conservateurs, car nous ne croyons
pas qu'il soit possible d'illustrer un livre plus raisonnablement que par
la représentation de ses principales scènes.

*
* *

Pourtant M. Gabriel Mourey, dans un remarquable article de la
Revue des revues, semble être d'un avis différent : il veut que le livre
futur soit seulement *décoré*. Si nous comprenons bien, ce serait le
modern style introduit dans les livres, — la plante répétée, en contra-
diction flagrante avec la nature, qui ne se répète jamais ; — la plante
mannequinée, sous prétexte de style, la plante qui est toujours, dans
son geste, le caprice même : — le motif, dont la répétition semble être
l'aveu d'une attristante pauvreté d'imagination. Et pourquoi M. Mourey,
qui admet très bien l'illustration documentaire pour le livre scientifique,
veut-il que le livre de fantaisie soit privé de cette documentation que l'artiste peut si bien lui apporter?

Salammbô illustré par Rochegrosse, c'est toute la science de Rochegrosse touchant le costume, la décoration et les sites carthaginois mis à
la disposition du lecteur dans des pages bien dessinées, bien composées
et d'un joli effet décoratif. Les *Chansons de Bruant*, de Steinlen, c'est
l'intense observation d'un œil amoureux du réel, tel que celui de Steinlen, stimulant l'observation du lecteur et rappelant à sa mémoire,
peut-être paresseuse, les types vus en passant, au hasard de prome-
nades dans les faubourgs, et qui n'avaient pas assez profondément laissé
leur empreinte sur la matière de son cervelet.

L'ŒUVRE ET L'IMAGE

Livre ancien ou livre moderne, il est peu de volumes qui ne puissent gagner à la glose dessinée d'un véritable illustrateur, le lecteur y trouve la pâture qui lui est nécessaire pour que son imagination ne batte pas la campagne, à la poursuite de formes imprécises et sans cesse renouvelées, dans une pénible hallucination. — L'auteur pense et parle, nous disait Maurice Leloir, c'est nous qui faisons la pantomime : nous complétons son entité vivante.

Livre ancien ou livre moderne, tout peut servir de prétexte à une bonne illustration, pourvu que le dessinateur connaisse son métier, sache le trait, les valeurs, la composition, ou même ait à un degré supérieur une seule de ces trois perfections ; il suffit même, pour que nous regardions son travail avec plaisir, qu'il connaisse bien son costume, qu'il soit habile paysagiste, qu'il sache le mouvement, la vie... Tout ce qu'il voudra, pourvu qu'il ne soit pas le reflet de quelqu'un et qu'il ne manque jamais de grâce, ou de force, ou de poésie, ou d'esprit, ou d'émotion, ou de malice.

Qu'il ait enfin quelque chose de remarquable et que l'on ne trouve pas ailleurs, — plus simplement, qu'il soit un artiste et qu'il nous donne une œuvre d'art.

.·.

C'est pour cela que nous nous efforcerons, dans la suite de ces études, de faire fête comme il convient à toute œuvre qui portera ce caractère d'œuvre d'art. Le desideratum et la prévision que nous avons formulés, au sujet d'une reproduction directe du travail de l'artiste, revisée par lui, ne nous empêchera pas de dire le bien que nous pensons de livres tels que, par exemple : *la Maison du chat qui pelote* de Dunki, ou *Salammbô* de Rochegrosse, ou encore *la Prière sur l'Acropole* de Bellery-Desfontaines. Nous tâcherons surtout d'ignorer les petites chapelles. Il y a bien assez de causes de désagrégation de notre art national sans qu'il soit besoin d'encourager cet éparpillement de sa force créatrice. Quelqu'un — le dessinateur Forain, paraît-il — a dit que la recherche de l'impression d'art a tué le goût français. C'est la plus dure condamnation de ce besoin de procurer des sensations nouvelles qui tient les artistes. Le *frisson nouveau* de Baudelaire leur a tourné la tête. Qui craint de faire mauvais cherche l'étrangeté, pour que du moins le spectateur soit dérouté, n'ose pas, dans la crainte de se tromper et de sembler inintelligent, porter tout de suite un jugement définitif. Sait-on ? il défendra peut-être même la chose qu'il ne comprend pas, pour sembler plus malin que les autres, les étonner par la rapidité de son diagnostic. N'aura-t-il pas toujours la ressource de se tirer des mauvais pas possibles, en parlant de la sensation que l'ouvrage lui a donnée, et de s'évader finalement dans les brumes. — Je ne vous dis pas... mais c'est curieux... intéressant... pas banal... c'est un garçon qui cherche...!

C'est un bon métier aujourd'hui d'être *le garçon qui cherche*, — et ça dispense quelquefois de trouver.

.·.

Parmi les petites chapelles qui officient en ce moment, il n'en est pas de plus intransigeante que celle du modern style, et nous ne sommes pas suspects de tendresse pour ce volapuk artistique dont les Roumains ou l'Équateur se sont montrés d'emblée aussi capables que nous-mêmes, pourtant nous allons reconnaître très volontiers que cette fantaisie décorative, faite de lignes simples et d'à-plats, se prête merveilleusement à la parure extérieure du livre, et qu'elle a permis à certains relieurs de tenter une couverture symbolique dont l'invention nous parait tout à fait raisonnable. Invention, c'est trop dire, car on a toujours placé des croix sur les missels, et c'est de la reliure symbolique, mais du moins cherche-t-on aujourd'hui, plus que jamais, à dire au lecteur, dès la première vue du cuir sobrement imagé. quel est le sens du livre, s'il est triste ou gai, philosophique ou fantaisiste, etc...

Il y avait à l'Exposition, dans les vitrines des plus illustres relieurs. des non-sens stupéfiants : des cuirs travaillés avec le goût le plus austère recouvrant des volumes sur la mangeaille parisienne ! Pourquoi pas la Cuisinière bourgeoise dans une reliure de la vie de Jésus ?

Dans ce petit tout que doit être un livre. la reliure, si elle est ornée, doit l'être dans le sens du livre. Dans cet ordre d'idées, qui est seul admissible, la décoration nouvelle permet des symbolisations où l'esprit et le goût de l'amateur ou du relieur peuvent se donner carrière. Nous ne demandons pas qu'on aille jusqu'au rébus, mais nous nous référons à cette opinion de Joseph Chéret qui exigeait que dans un travail décoratif le premier souci de l'artiste fût la convenance de l'objet à sa destination, le décorateur ne devant intervenir, avec son esprit et son imagination, qu'à la condition expresse de ne jamais troubler cette convenance.

La reliure doit donc être : solide, pour conserver le livre (puisqu'elle est la valise qui contient l'art et l'idée) — plate et glissante, pour ne pas être exposée aux éraillures dans le rayon, — peu sensible aux taches et à la poussière. Ces trois points acquis, décorez *dans l'esprit* du livre, et ne vendez pas des bonbons derrière une vitrine des pompes funèbres.

.·.

Il y a plus : des amateurs ont pensé, depuis quelques années, que, l'illustrateur ayant pénétré mieux qu'un autre la pensée de l'auteur, il ne serait pas tout à fait contraire au bon sens de lui demander un motif pour décorer la reliure. Ils ont poussé l'audace jusqu'à le prier de dessiner lui-même sa composition sur le cuir, au thermocautère ou au canif. Cette innovation a donné les meilleurs résultats. Il suffisait pour s'en rendre compte de voir dans la vitrine de Carayon la couverture si simple que Lepère a faite pour *Paris au hasard*, et la reliure, d'un joli style missel, que Louis Legrand a décorée d'un cuivre original patiné avec un soin charmant. Ce sont des reliures parfaites, contre lesquelles il n'y a rien à dire. Heureux l'amateur qui les a commandées !

Il est fâcheux seulement que cette mode rationnelle ait pris si tard. Voyez-vous l'attrait d'une vente dans laquelle il y aurait des exemplaires de leurs œuvres recouverts de cuirs incisés par la main de Raffet, de Gavarni, de Daumier, etc. De Daumier surtout, qui aurait si bien tordu le cuir de sa main puissante !

Mais il y a toujours eu des relieurs académiques qui trouvent que rien n'est si beau que de pousser académiquement le filet, et des amateurs qui se contentent de décorations qu'on pourrait aussi bien placer sur des boîtes à gants. Ils croient assez faire de parler *style*, pour se donner raison.

Dans une autre vitrine de l'Exposition, une autre reliure très bien comprise, celle du livre des affiches de Maindron. La décoration parlante en est faite avec un bout de palissade, des silhouettes de maisons, une affiche de Lautrec. Brochant sur le tout, quelques feuilles de marronnier, le marronnier des rues de Paris, qui vient si souvent de lui-même découper ses feuilles sur la muraille et sur l'affiche. Cela n'a pas de style, si vous voulez, mais tant mieux, car le style eût été là hors de propos.

Il résulte de tout cela que c'est l'affaire de l'amateur de choisir avec discernement le relieur qui doit envelopper son volume. Aux stylistes austères les éditions de Racine ou de Pascal, aux novateurs les livres qui permettent une décoration plus conforme aux tendances contemporaines.

Avertissons-le cependant que c'est dans l'art décoratif que l'esprit ou la sottise apparaissent le plus clairement, et que le premier regard jeté sur une bibliothèque permet de toiser à sa valeur celui qui en a réuni et décoré les volumes.

.˙.

C'est un étonnement pour les amis du livre de constater, à l'apparition de chaque volume d'art, le peu d'intérêt qu'il soulève. De-ci, de-là, dans les revues et dans les journaux, une phrase aimable sur *les magistrales illustrations...* s'il s'agit de Jean-Paul Laurens — *les charmantes illustrations*, s'il s'agit de Maurice Leloir. Très rarement, une critique, et jamais motivée, pas plus que ne le sont les éloges. Les neuf mille tableaux des peintres du salon ont cent fois plus de presse discutante que les trois cents livres des illustrateurs.

C'est pour cela précisément que les peintres qui font de l'illustration condescendent à ces aveulissements dont nous parlions plus haut. Pour l'art charmant qui nous occupe il n'y a de critérium que la vente plus ou moins productive, et c'est un triste critérium.

Citons, à l'appui, l'échec, à leur apparition, des *Quatre fils Aymon* de Grasset, que les amateurs, enfin conscients de la beauté de l'ouvrage, s'arrachent aujourd'hui. Tout récemment ils viennent le faire la même moue d'inconscience sur les *Paysages et coins de rues* de Lepère, un des plus beaux volumes parus cette année.

C'est que, faute de l'avertissement dont nous parlons, le livre d'aspect nouveau étonne et déconcerte l'acheteur; il se réserve, quitte à payer plus cher, si le succès se déclare peu à peu, par la force que porte en elle une véritable œuvre d'art.

Avec ces principes les transformations de l'esthétique sont difficiles. Elles sont indispensables cependant, la loi de nature voulant que tout ce qui ne croît plus soit voué à la prochaine décadence.

LOUIS MORIN.

LOUIS-AUGUSTE LEPÈRE

PEINTRE-GRAVEUR

Une revue consacrée à la gloire du livre devait, dès le seuil, saluer les artistes dont la propre main a serti, dans de pures typographies, les joyaux d'une illustration originale.

En ce point s'impose d'abord le nom d'Auguste Lepère, parce que nul, plus que lui, n'aura contribué à relever le livre illustré contemporain de la déchéance où menace de l'entraîner la médiocrité du goût public flattée par les spéculations mercantiles ; parce que, presque seul, il a eu le courage de graver directement ses œuvres pour le livre, et la résignation d'enfermer dans la prison des pages, d'innombrables compositions aussi mûrement méditées, aussi soigneusement achevées que si elles eussent été destinées au grand jour des cadres dorés ; parce que vers l'enrichissement du livre a marché l'effort de toute sa vie, avec une ténacité ardente qui, servie par des dons exceptionnels, l'a conduit à une perfection spéciale et définitive dont il a fait hommage aux bibliophiles de son temps. Et il a fallu que Lepère vînt, avec ses admirables vignettes toutes prêtes, pour enseigner à ces amateurs, par une comparaison nécessaire, combien le clinquant des imageries banales, même burinées proprement, se ternit et s'efface à côté de l'or pur semé par un maître parmi les justes caractères d'une belle impression.

Encore convient-il de remarquer que double fut le mérite de Lepère ; car, pour arriver au but, il a deux fois changé de route. Et ce qui donne à sa carrière une physionomie émouvante, c'est l'évolution systématique et volontaire qui sépare nettement son parcours en deux étapes distinctes : touchant

deux fois à l'apogée, durant la première période, par le raffinement de son art; au cours de la seconde, par sa simplification.

Ses premières études de gravure sur bois traduiront la recherche obstinée des plus rares habiletés. Il possédera toutes les subtilités et les maniera avec une dextérité inouïe. Mais aussitôt qu'il aura dépassé ses rivaux et reconnu que, dans son métier, rien ne lui reste à apprendre, il sera pris du dégoût de son œuvre. Un dédain de son succès l'envahit et le trouble. Sa richesse lui répugne. Il s'en détourne. A l'heure marquée par la tâche accomplie pour le repos et la satisfaction légitime, il jette son outil, en prend un autre, et recommence un apprentissage, à la recherche d'un art nouveau.

Vers le même but. Pour faire mieux! A quarante ans!

Tout à coup, repoussant avec horreur toutes les ressources du ficelage professionnel, le voilà en proie à la passion des lignes simples. La justesse du trait, la précision de la tache, la sûreté de la perspective — uniquement — devront lui donner l'effet.

Et après dix ans d'études renouvelées, il aura la gloire de réussir encore.

Ainsi, à l'abri de toute préoccupation d'intérêt, répudiant les soucis de l'amour-propre, soumis à la seule inspiration de sa conscience, Lepère a poursuivi imperturbablement une entreprise presque surhumaine.

Qu'il nous soit permis d'en rappeler les péripéties, en admirant le courage d'un tel bouleversement.

..

Louis-Auguste Lepère naît à Paris en 1849, au centre du quartier cher aux artistes d'alors, la rue des Martyrs ! De fait, son père est un bon sculpteur, élève de Rude, et dont on admirait, cette année, à l'Exposition rétrospective du Grand Palais un joli groupe de « Bacchantes et Silène ».

Son enfance s'écoule paisible, tantôt en Alsace, tantôt aux environs de Montereau, parfois à Paris.

Mais, dès ce moment, le spectacle des champs, des espaces et des villes le ravit... et l'idée le tient de fixer sur le papier ces horizons, ces mobilités et ces structures.

À treize ans, commence son apprentissage au *Magasin pittoresque*; premier travail de copiste fidèle.

Mais le dimanche, à sa manière, l'enfant fait la noce ! Filant vers les fortifs, une toile sous le bras, il peint, avec délices, les bicoques de la zone militaire et les bois de Clamart.

En somme, ce n'est, comme disent dédaigneusement ses copains d'atelier, que de la graine d' « artiste » !

Aussi en 1869, il expose bravement une toile de paysage !

En 1870, la guerre...

Le sac du mobile a remplacé la boîte à couleurs. Avec

le bataillon du XIV⁰ arrondissement, dans Saint-Denis, ce sont les grand'-
gardes douloureuses, le ventre vide et 20 degrés de froid ! Puis la maladie...

Il permute et le 4⁰ bataillon ramène le pauvre pioupiou languissant au fort
d'Issy... devant ses chers coteaux de Clamart, ses petits bois clairs, maintenant dépouillés et ternis par la gelée, barrière sombre entre les batteries

prussiennes et les remparts français
démantelés.

La guerre : le deuil !

Pendant qu'aux premiers rangs Lepère est épargné par les obus, son père,
au centre de Paris, devant l'Hôtel de Ville, le 21 janvier 1871, est blessé à
mort ! L'armistice ramène Auguste Lepère dans la cité pour le conduire aux
funérailles paternelles !

Lugubres ironies du canon !

C'est dans le travail que le jeune homme cherche la consolation. Pendant
deux ans, au même atelier, l'*Ami des artistes*, un labeur obstiné façonne ses
yeux et ses doigts, sans le soustraire à la peinture. Il est reçu au Salon de

1872 ! Les journaux parlent de son envoi. Quelques éminents critiques soulignent, à son égard, de légitimes espérances. Le voilà sacré peintre !

Comment après un tel succès, en la vingt et unième année, échapper à l'horreur du bois hebdomadaire et obligatoire ?

Abandonnant la gravure, Lepère se met en quête, dans les cénacles de Montmartre, d'une inspiration renouvelée.

Villégiature qui semble, par sa production restreinte, consacrée plutôt à la conception qu'à l'enfantement; escapade bien naturelle vers les régions trompeuses de la spéculation juvénile.

La douceur d'un mariage heureux dissipa cette torpeur passagère.

Il ressaisit son bois et le voici possédé d'une ardeur laborieuse qui ne s'est jamais attiédie.

Si l'on veut étudier de près l'œuvre de Lepère à cette époque il faut puiser ses documents dans les journaux illustrés et dans quelques revues. Faussement on imaginerait que leur rôle éphémère les rend inaccessibles aux œuvres d'art. Pendant dix ans Lepère y a semé des trésors, jadis seulement estimés, et dignes cependant de recevoir asile dans les plus précieux cartons d'estampes.

En 1879, le *Monde illustré* l'appelle, et sa collaboration va donner à ce journal un éclat jamais dépassé. Parmi le flot banal des imagiers de la presse, et à côté de noms déjà justement estimés, une dextérité personnelle dégage ses œuvres. Qu'il se heurte aux difficultés des savantes cuisines de Daniel Vierge, ou qu'il débrouille les groupements enchevêtrés du naïf Edmond Morin, il se montre également fidèle. Les touches gouachées du premier ne le déconcertent point. Et il semble qu'il se soit associé avec

bienveillance au négligé du second, en le suivant dans ses agréables turbulences populaires ou mondaines; car des traces de sympathies pour cet aimable fantaisiste percent çà et là dans quelques essais de Lepère. Mais aucun de ces contacts ne pouvait paralyser l'essor de sa puissante individualité.

Las de copier les autres, Lepère fait un coup d'État ! Foulant aux pieds la longue tradition qui condamnait les ateliers de graveurs sur bois à interpréter, vaille que vaille, des dessins en forme de faits divers, fabriqués, suivant la formule, par quelques spécialistes, il s'avise de dessiner des compositions qu'il grave lui-même, et il réussit, non sans quelque peine, à introduire, dans des recueils à cinquante centimes, le germe fécond des plus riches décorations artistiques de l'avenir. Bientôt il traduit uniquement ses propres croquis, et la verve insolite de ses improvisations séduit même les lecteurs mal renseignés de ces feuilles volantes. Conquête inévitable ; car déjà Lepère possédait toutes les qualités de conception, de composition, et de spirituel arrangement d'où est sortie sa renommée.

Quoiqu'il regarde plus volontiers la nature inerte que ses habitants, sa vision des hommes comme des choses se manifeste aiguë et pénétrante. Par le bonheur de son choix, le moindre morceau prend une importance. Archet magique, sa pointe glisse une vibration sur ce qu'elle trace : les réalités du mouvement, de l'atmosphère, de la couleur et du bruit cheminent avec elle, Dans les bois, par les prés, le long des berges, à travers les rues, elle découpe instinctivement son tableau. C'est « la scène à voir » qui est toujours saisie par l'œil du dessinateur. Digne héritier de la tradition française du xviiie siècle, il se rattache par l'esprit de sa mise en scène, ainsi que l'a noté finement Roger Marx, au pittoresque de Gabriel de Saint-Aubin... en passant par Hervier et Eugène Lami. Avec la solidité durable de la gravure en plus !

Il domine l'attention, il commande l'intérêt, il excite l'émotion.

L'*Illustration*, jalouse d'un tel succès, l'enlève en 1887 à son concurrent périodique. Il faut y admirer spécialement les numéros consacrés à Rouen et à Marseille, qui resteront en ce genre des modèles achevés. Mais il quitte bientôt ce journal. Une inquiétude l'agite. La liberté lui est devenue nécessaire. Sa régularité coutumière se trouble. Des imaginations l'entraînent. Pour un des premiers numéros de la *Revue illustrée*, il orne de précieux petits tableaux *Un voyage autour des fortifications*, par Huysmans. Ses vues de Paris accaparées par les « magazines » américains se répandent jusqu'à New-York ; partout il est sollicité, et partout il travaille.

Plus encore! il stimule l'ardeur de ses émules. La belle presse estampée dont il orne le cartonnage du premier album de l'*Estampe originale*, en 1888, devient le fanion autour duquel se rallient les Bracquemond, les

Vierge et les Beltrand. Et lui-même
paie largement de sa personne avec la
Rue de la Montagne-Sainte-Geneviève
et la *Seine au pont d'Austerlitz.*

Activité surabondante et féconde.

Le journalisme, en art comme en
littérature, influence très différemment
ceux qui s'y attellent. Les débiles s'y
épuisent. La monotonie des besognes à
heure fixe les enlise dans l'ornière des
fades industries. C'est la déchéance et
la mort. Il en va tout autrement pour
les robustes. La nécessité de produire vite
et souvent enfante le persistant effort.
C'est de la gymnastique ; c'est l'entraînement ; c'est le progrès ; ce peut être la
route escarpée du génie. A cette rude
école l'art de Lepère a constamment
grandi.

En 1891, dans une de ses chroniques
les plus serrées, et avec la précision
élégante de son style ouvragé, Roger-
Marx soulignait déjà à l'attention du
public l'importance de l'artiste ; et nous

ne résistons pas au plaisir de citer un passage où l'éminent écrivain résumait excellemment le goût de Lepère pour les bons coins de notre chère ville.

« Parfois, dit-il, conteur d'actualité à la façon de Gabriel de Saint-Aubin, « il fixera dans son animation passagère l'événement du jour, une émeute « d'étudiants auprès de la Sorbonne, les funérailles de Gambetta quittant le « Palais-Bourbon, ou encore la place de l'Opéra pendant la partie de billard « de Vignaux et de Slosson. Toujours l'attention aux aguets, toujours en « quête d'un sujet pour un bois nouveau, il parcourt les boulevards, gravit les « fortifications, erre dans la banlieue, par le soleil et par la brume, par « l'été et par la neige : ou bien, sous un porche, il s'arrête à regarder la « démarche des passants affairés, les industriels en plein vent, l'entre-croise-« ment des fiacres, tout le mouvement de la rue. Viennent les réjouissances « publiques, la fête nationale du 14 juillet, l'Exposition universelle de 1889, « Lepère sera là, dans la cohue tumultueuse, l'après-midi, le soir quand les « fontaines lumineuses mettent les badauds en extase, quand les rampes de « gaz dessinent des points de feu, les plates-formes, les arches de la tour « Eiffel, quand les fusées volent, quand, à la clarté fumeuse des lampes véni-« tiennes et des flammes de bengale, le palais du Trocadéro projette dans la « nuit la ceinture de sa nef, l'avancée de ses ailes, l'élancement de ses cam-« paniles. »

Mais Paris n'a point seul le privilège de tenter le crayon de Lepère. Que les bourgeons du printemps ou les feuilles mortes d'automne l'appellent aux champs ou aux bois, il y courra d'enthousiasme, et la forêt de Fontainebleau avec ses modèles d'un tout autre caractère trouvera en lui le portraitiste le plus fidèle ; et avec une égale aisance il peindra la noble frondaison des hautes châtaigneraies, la chute douloureuse des grands pins sous la cognée, ou l'impassible accroupissement des roches lépreuses dans la mousse.

A cette date, l'art de Lepère atteint le plein épanouissement de sa première manière. Il est assez malaisé de fixer par la plume seule, les caractères de cette forme initiale. Essayons cependant de les indiquer en quelques mots. La gravure sur bois, après avoir, à son origine même, au xv⁰ et au xvi⁰ siècle, enfanté des chefs-d'œuvre, subit une éclipse de trois cents ans. Le second tiers de notre siècle a assisté à son nouvel essor. Mais les hommes de 1830 à 1860, qu'ils copient Gigoux, Raffet ou Meissonier, se contentent d'y chercher un procédé rapide et facile de vignettisme. Aucun d'eux ne s'avise d'en affiner la rudesse native. Ce sont de rustiques ouvriers. De nos jours au contraire, toute une génération d'hommes s'est appliquée à chercher dans le bois toutes les ressources du métal, et, par un contraste assez curieux, à l'heure même où tombait la vogue de la taille-douce, ils reprenaient pour leur compte la méthode et le tour de main des Calamatta et des Henriquel-Dupont

en les transportant du cuivre sur le buis. L'empreinte sur le bois n'était plus un trait direct. Elle sortait des sinuosités attentivement parallèles tracées par le burin dans le buis, rapprochées ou écartées à propos, opportunément allégées ou appuyées. A ce jeu la gravure sur bois risquait fort de perdre tout caractère individuel. L'artiste pouvait, avec un doigté plus ou moins expert, y apporter un souci plus ou moins vif du détail, du modelé et de la couleur, mais le procédé, partout, restait le même, donnant toujours et nécessairement la sensation d'une reproduction, d'une copie sortie d'un même mécanisme.

Lepère suivit cette mode nouvelle. N'en fut-il pas même l'un des plus ardents promoteurs ? Bientôt nul ne songea à contester qu'il en fût le grand maître. En effet on ne saurait concevoir un travail plus compliqué, plus varié, plus surprenant que celui de ses bois échelonnés de 1887 à 1890.

Devant l'éclat scintillant de sa page, l'œil stupéfait subit un charme voluptueux. Un trait délicat, court, file et saute, change incessamment de direction, s'allonge ou s'abrège, tourne, se tasse ou s'écarte, s'enchevêtre ou se démêle comme un écheveau de soie tour à tour embrouillé par la patte d'un chat, ou dévidé par la plus subtile brodeuse ; perpétuellement varié. Là sa ténacité capricieuse évoque l'eau-forte ; ici sa masse liquéfiée s'étale en lavis. Partout les gris, les demi-teintes se succèdent, s'étagent, se marient, fondus en une matière spéciale, merveilleusement malléable, onctueuse et distinguée, dont l'éclat argenté est absolument propre à Lepère, qu'il a inventée, et qui, plus sûrement que son nom, signe ses œuvres de cette époque.

Il faudrait une longue énumération pour choisir dans cette production énorme les pièces d'une beauté capitale. Devant le titre de *Rouen illustré*, toute critique demeure tarie. Nulle pointe sèche, aucun vernis mou, même la lithographie ne donnerait jamais, dans la gamme des noirs, un clair-obscur comparable à la carène du bateau de premier plan, ni aux dessous de l'arche du pont. L'élégante majesté de la façade de la *Cathédrale* s'envole vers le ciel dans une allure qui ne doit sa noblesse qu'à l'intégrité du dessin ; mais en outre qui devinera l'instrument dont la prodigieuse finesse dentela les lézardes, les cassures, les trous, l'émiettement, le grignotis de ces sculptures gothiques sept fois séculaires ? Le *revers* du même monument, sous un ciel d'orage, alternativement nuageux et ensoleillé, n'est pas moins extraordinaire par son jeu de lumières et son souffle de vent. Délicieux aussi l'effet de neige de la *Porte Saint-Denis !* et le mouvement du *Pont au Change !* et le hourvari du *Boulevard des Italiens !* et la buée du *Salon de lecture* à l'exposition de 1889 ! et la pénombre de *l'Écluse du canal Saint-Martin !* et le *Pont Saint-Michel* embrumé ! et *Saint-Gervais* ouaté de givre ! et ce crépuscule poussiéreux du *Boulevard Montmartre !* et tant d'autres que la fécondité de

Lepère dispersa aux quatre coins des feuilles volantes, sans que jamais une négligence en déparât la séduction. D'ailleurs nulle discordance ne trouble le triomphe de sa virtuosité ! Au Salon ses envois avaient recueilli de nombreuses distinctions. L'Exposition universelle de 1889 lui vaut une médaille d'or. Il est membre de la société nationale des Beaux-Arts qui lui vote en 1890 une bourse de voyage !

Il est officiellement et authentiquement « arrivé » !

De son atelier, à côté de Notre-Dame, sa vue plane sur la Seine, les antiques maisons des quais, les pointes des vieilles églises, l'activité des ports, la ceinture verdoyante des platanes, le marché aux pommes. Dans ces coins anciens flotte encore une atmosphère de rusticité d'accord avec ses goûts campagnards. Le pittoresque du quartier lui masque la banalité de la Ville. Son logis est à son gré. Il gagne de l'argent ! Il est jeune. L'honneur et le profit lui sont échus en temps utile. Il semble qu'il n'ait plus rien à souhaiter.

Pourquoi ne se tient-il pas pour satisfait, et le voyons-nous à ce moment même entreprendre des luttes nouvelles ?

Mystères de la conscience qu'il est malaisé de scruter. Ce qui est certain, c'est que la métamorphose imprévue à laquelle Lepère va s'acharner ne lui est inspirée que par les scrupules les plus rares et l'ambition la plus haute.

E. Ramiro.

(A suivre.)

L'ART DANS TOUT

Les siècles, depuis le XIe, présentent à nos yeux, en leur successive appellation chronologique, une significative synthèse d'art ; on doutait que le XIXe puisse jamais être catalogué de façon précise, et faute de trouver des espoirs dans le présent, les regrets retournaient à cette merveilleuse et séductrice école française qui aurait survécu au branle-bas de la Révolution mais ne sut triompher de l'antiquaille de David, homme néfaste ; les années passèrent ; après la froideur et l'impassibilité du Premier Empire, se produisit en réaction la puissante et parfois confuse floraison du Romantisme, superfétation s'éloignant aussi du génie de la race ; enfin le Second Empire, qui n'avait fait de coup d'Etat qu'en politique, disparut à Sedan sans laisser trace aucune de ce qu'on appelle le style d'une époque ; et le siècle allait finir de la sorte dans un nihilisme absolu d'esthétique spéciale quand tout à coup un mouvement d'initiatives individuelles commença de se produire, on créa un Musée des arts décoratifs, des ouvriers ambitionnèrent de redevenir des artisans comme jadis, on comprit que leur métier confinait au grand art, et leur admission à la Société Nationale, au Champ-de-Mars, fut une véritable révolutionnette, dont nous sommes surpris maintenant si nous ne reportons pas nos souvenirs à l'ambiance d'alors.

On arrivait donc à « un tournant de l'Histoire », une énergie nouvelle était en marche, notre siècle aurait la gloire d'une Renaissance ; l'affirmation est permise aujourd'hui ; le fait existe, né viable, il faut en dégager les contingences, en analyser les éléments de formation, en prévoir les résultats ; de disséquer tout ceci n'infirme aucunement la réalité existante.

Cette Renaissance actuelle est plus nationaliste que l'autre, bien que des influences étrangères y concourent par endroits, avec le Moyen Age allemand et le modernisme anglais, celui-là évoqué à cause d'un restant de fièvre romantique, celui-ci adopté à cause des nécessités du confort et de l'hygiène nouveaux ; mais, à ne prendre d'exemples que dans l'ameublement, nous pouvons revendiquer, malgré les contournements des modifications japonisantes, la survivance absolue de notre Louis XV et de notre Louis XVI, la tradition peu à peu se renoue, la filiation réexiste, et plus tard, ce grand intervalle insignifiant deviendra inaperçu, on passera de Watteau et Lancret à Chéret et Willette.

Le modern'style est essentiellement français dans ses origines, quoi qu'on veuille, et pour qu'il ait la consécration définitive, qu'il soit classé, qu'il devienne étiquette d'un temps, il suffira qu'il se désagrège des manques de goût étrangers, des excentricités inhérentes à tous les débuts, des subtilités inutiles, des recherches trop fantaisistes ; la critique, facile souvent, en serait injuste, car la première période évolutive commence à peine, on se cherche, on tâtonne, on essaie, on expérimente, on improvise, il y a des exagérations ainsi que dans toute tentative insurrectionnelle, des inutilités encombrantes ainsi que dans tout balbutiement d'invention. Cela paraîtrait de mauvaise guerre d'insister sur ces points faibles ; sans vouloir les omettre, on les peut négliger ; il y a dans tout un immense et constant effort vers le mieux, on crève les théories pédagogiques et malsaines, on s'évade des formules apprises, on fuit les enseignements monotones, on continue certes de respecter les chefs-d'œuvre du passé, mais la jeunesse se refuse à les démarquer, elle veut être de son temps, à elle, et, pour documenter son labeur, conduit son inspiration aux sources primordiales, considère la flore, la faune, les aspects de Nature, on en a assez des grammaires, des manuels, des lexiques, des moules à gaufres, des modèles patentés et désuets, — et l'Institut et l'École demeurent, qui nous indiffèrent.

Avant de noter ici mensuellement les tentatives intéressantes, les œuvres écloses, les multiples étapes vers l'Art de demain, il nous paraît nécessaire de dater le point de départ, de refaire en quelques lignes le bout de chemin parcouru, de dire d'où l'on vient, où l'on est ; — dans les numéros suivants, nous verrons où l'on va.

L'architecture, qui cependant devrait se modeler sur la vie, se modifier autant que notre existence même se modifie, être en perfectionnement continuel, est, — sauf un cas d'exception auquel je m'attarderai tout à l'heure, — un métier classique au code fixe ; on copie et recopie ce qui est beau ailleurs sans tenir compte des ambiances ; le Parthénon devient la Madeleine, le

château de Blois est en bordure de la place des Trois-Dumas, le grand
Trianon est transplanté avenue du Bois-de-Boulogne, et l'église du Sacré-Cœur
(dont les échafaudages étaient exquisement pittoresques) montre des dômes
blancs qui font songer à des tombeaux de marabout, sous le soleil africain ;
les palais des Champs-Elysées ont les nombreuses et lourdes colonnes que
l'on sait ; n'est-ce pas dans la rue Flachat que se trouvent accolés en une
promiscuité malencontreuse des petits hôtels à lucarnes grillagées, à portiques

Rideau du Musée Grévin (peint par Chéret).

sculptés, à chimères et à guivres, à bas-reliefs soulignés de devises en lettres
gothiques, à gargouilles moyenàgeuses, et dans la rue de l'Assomption ou la
rue Ribera, tout là-bas, près du Ranelagh, on voit des maisons romaines à
colonnades, à atriums, à bustes de Minerve, à statues de Pallas-Athéné, à
mosaïques de *Cave canem*. Or, les siècles se suivent et ne se ressemblent pas,
il est stupide de placer des ascenseurs dans des niches à rocailles, et des
gouttières dans des groupes clodionesques ; on doit innover *et sans préjudice
de l'Art ;* il faut qu'on se pénètre bien de cette idée que nos besoins actuels,
nos nécessités d'hygiène, de confort, de luxe n'impliquent pas forcément de

la laideur : pourquoi un immeuble de rapport rue Réaumur ne satisferait-il pas notre coup d'œil autant qu'une maison à poutrelles de la rue Eau-de-Robec (où habite l'ami Jules Adeline, Rouennais célèbre dans sa ville et ailleurs)? les différences d'époque entraînent des diversités de constructions, mais l'Art peut survivre, et quand nos demeures seront devenues, elles aussi, à leur tour, de la rétrospective, il faudrait qu'on les puisse admirer.

Ce à quoi s'efforce Hector Guimard, le seul architecte personnel et original de nos jours, l'auteur du Castel Béranger et des gares du Métropolitain. D'aucuns s'étonnent au premier aspect, hésitent devant cette innovation perpétuelle, résistent à ces formes, à ces courbes, à ces eurythmies qui déconcertent notre ronron d'habitudes, ont des gestes gênés à prendre ces objets usuels dont les attitudes ont été complètement modifiées, mais la majorité louange l'artiste de pédaler en dehors des itinéraires suivis. Il ne se contente pas de mettre des bow-vindow sur des colonnes grecques, des ampoules d'électricité dans des appliques du xviiie, de surmonter les édifices de campaniles sans cloches, de jucher sous les toits des nudités de femmes menaçantes comme les trois nourrices de la New-York au boulevard ; il cherche à satisfaire tout à la fois nos exigences modernes et notre prurit d'art, il ornemente, il enjolive, mais en respectant la logique immédiate ; ses étrangetés ont des bases raisonnées, il s'occupe des questions atmosphériques, climatologiques, n'eût jamais osé bâtir en plein Levallois-Perret la Kasbah qu'a achetée M. Gailhard, et rêve un Paris de style, qui permette aux Robida de plus tard des reconstitutions révélant une époque.

Il est une grande ombre qu'il est juste d'évoquer, celle de Charles Garnier ; l'Académie nationale de musique est un des décors de Paris, et l'un des plus beaux ; on s'étonne des flots d'encre, y compris la tache du groupe de Carpeaux, que cette architecture novatrice a fait couler ; cette loggia, cette coupole, cette polychromie sont partie inhérente de la ville ; il faut un effort de mémoire afin de songer que cela n'a pas toujours été, et qu'il s'est rencontré, il y a une trentaine d'années, pour concevoir ce colossal projet et le mener à bonne fin malgré les difficultés et les oppositions de toute sorte, un homme de grand talent, aux idées originales, à l'énergie victorieuse.

La sculpture moderne aura été allégorisée en 1900 par la Parisienne de Moreau-Vauthier. — Ville de Paris accueillant les Nations, amuseuse de Rydeck amorçant l'étranger, gigantesque réclame de couturier à ruban ; sans en chercher davantage la signification, qu'il nous suffise de la considérer emblématoire de toutes les effigies en staff, en plâtre, en pierre, en marbre, en bronze qui encombrent les jardins, qui emplissent le Grand Palais, qui accablent les socles, qui grimpent aux frontons, qui stationnent sous les colonnades, qui épouvantent et ahurissent. Le nu bête, la mythologie banale, l'idéa-

lisme à grandes ailes, la glorification des redingotes historiques ou des
bicornes empennés, les pompiers du concours de Rome, les vraisemblances
de Musée Grévin, il y a de tout, et trop de tout ; les réputations presque
établies défaillent, Barrias insulte à Victor Hugo comme Falguière à Balzac.

Sous la Salamandre, lumineuse les soirs comme un gros numéro, deux êtres
bizarres au torse de femme effraient le visiteur qui entre, représentations de
l'électricité, paraît-il, parce que
à l'extrémité de leurs bras en
couleurs sont des ampoules, fleurs
héraldiques de notre modernité ;
et c'est la laideur suprême qui,
dès le premier guichet, vous
convie. Au pont Alexandre III
une tolérance administrative a
prodigué des chevauchées d'or
qui sont d'un déhanchement la-
mentable, des fauves rênés d'A-
mours très perruque Louis XIV,
des cartouches entourés de femmes
de Rubens dont les dos mons-
trueux dépassent les balustrades.
Aux constructions de l'Esplanade
des Invalides, des frontispices
inquiétants pointent dans le ciel
de vilains gestes bébêtes, comme
aux galeries du Champ-de-Mars,
de colossales figures plafonnent
en dehors, vous menaçant de leur

Ivoire (Delacour).

chute qu'il faudrait pourtant souhaiter, comme aussi sur la porte du Pavillon
de la Presse des hauts-reliefs mettent en saillie des bonnes femmes empruntées
à quelque Voillemot éventailliste.

Cependant, cette fin d'un siècle qui a eu Rude, Préault, Barye, Carpeaux,
se glorifie d'un sculpteur génial, Rodin, d'un animalier puissant, Gardet, et
du premier l'influence se répand *urbi et orbi* ; l'administration ne lui a fait
aucune commande pour 1900, les ministres l'ont oublié dans les fournées de
décoration, et c'est à son modeste pavillon de l'Alma que sont allés les
enthousiasmes et les admirations. De son art s'orientera désormais la sculpture
vers la vie, le mouvement, la lumière ; et en négligeant les envois de tous
les gâcheurs de plâtre, on s'inclinera devant le chef-d'œuvre, qu'il s'appelle
Saint Jean ou *Ève* ; qui ne se souvient au dernier Salon de ce bronze rugueux

aux saillies violentes, poème de douleur et de honte ! sur cet être accablé pèse terriblement la faute, les bras voilent le visage, le fléchissement resserré des jambes traduit la pudeur en effroi, la révélation soudaine de la nudité, et, dans la prostration de tout le corps s'exprime éloquemment la déchéance du Bonheur, l'irrémédiable aventure du Paradis perdu ; la beauté de la femme, la « chair, argile idéale, ô merveille ! » de Hugo a été flétrie au contact du serpent, et l'apparition est terrifiante de cette victime dont la robustesse semble s'écrouler dans un sanglot de désespoir.

La peinture, art de clarté, de magie, de séduction, et, avant tout, art de couleurs, a été méconnue par presque la généralité de ceux qui en font métier, et jusqu'à ce que le legs Caillebotte fut admis au Musée du Luxembourg, le public admirait de confiance de somptueuses imageries d'Epinal à l'huile, de très propres coloriages de scènes historiques, ou religieuses, ou mythologiques, faits divers et nudités, sans accent, sans vibrance ; un plafond comme celui de Bonnat à l'Hôtel de Ville nous méritera le mépris de la postérité, et les portraits de Carolus-Duran iront rejoindre les Roybet dans les in-pace de la brocante ; tandis que du Poussin à Claude Monet en passant par Joseph Vernet et Corot, sans oublier Courbet qui fut un puissant, Manet qui accapara les haines de la foule jusqu'au jour où elles se changèrent en dithyrambes, la véritable maîtrise de chez nous arrive à Puvis, à Renoir, à Besnard.

Peintre de la chair glorieuse, son œuvre à celui-ci est une apothéose de clartés ; dans la décoration murale, à côté de Puvis de Chavannes, familier idéal du Rêve, il s'est affirmé le magicien des couleurs, le peintre par excellence, le seul dont on évoque la modernité lorsque à Venise, aux plafonds du Palais des Doges, on considère avec une respectueuse et craintive émotion les labeurs gigantesques de jadis. Portraits d'humanité souriante sous des reflets imprévus, effigies prestigieuses de femmes, « fleurs d'eau » amoureusement pastellisées, symbolisme poétique et d'élection, soirées d'Espagne, nocturnes d'Algérie, midis d'Abbeville, nuages de Berck, lac d'Annecy, caresses de la chair par le rougeoiement du foyer, illumination du visage par les feux de la rampe, théories de formes aériennes et silhouettes du moment, il est, quelque œuvre qu'il exécute, le maître ; il y avait de lui, au pavillon des Arts décoratifs de l'Exposition, un grand panneau qui est une pure merveille. Dans tout ce qu'il fait, on sent qu'il se joue à l'aise, qu'il arpège avec joie des tons, qu'il se passionne à des ondulations de formes, à des vibrances de ciels et de paysages, à des efflorescences de chairs, à de radieuses imaginations.

Et voilà que Chéret qui inventa une parure de gaîté aux murailles des villes, qui donna, pour ce, une formule dont on s'éloigne à tort, troque son crayon lithographique et ses pastels contre un pinceau, allégorise de façon séductrice le Printemps au plafond du magasin de ce nom, fait cavalcader l'éternelle comédie autour d'une salle à manger, chante la gloire de l'enfance et de ses jouets, élégantise la femme d'aujourd'hui et ses toilettes, dédaigne les allégories stupides et vieillottes, ose carrément le lyrisme de la modernité.

Et voilà que Lalique invente des bijoux, révolutionne ces choses aussi

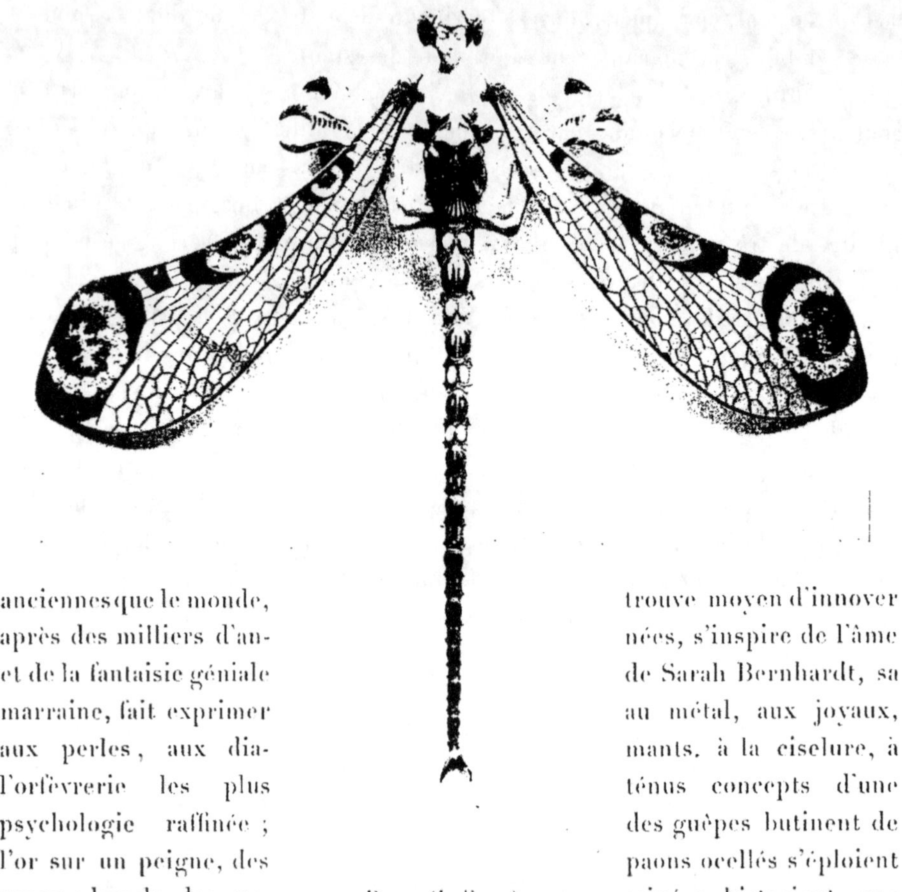

Bijou (Lalique).

anciennes que le monde, après des milliers d'an- et de la fantaisie géniale marraine, fait exprimer aux perles, aux dia- l'orfèvrerie les plus psychologie raffinée ; l'or sur un peigne, des sur une boucle, des gra- ceinture, et cela n'est trouve moyen d'innover nées, s'inspire de l'âme de Sarah Bernhardt, sa au métal, aux joyaux, mants, à la ciselure, à ténus concepts d'une des guêpes butinent de paons ocellés s'éploient minées historient une pas seulement d'un art décoratif précieux et nouveau, c'est révélateur d'états d'âmes autant que les vers du comte Robert de Montesquiou ou les proses de Jean Lorrain.

De Feure, lui, invente des formes de meubles, Ch. Meunier habille de cuirs gaufrés, repoussés, pyrogravés, teintés, des livres où Lepère a mis le grouillement pittoresque de ses illustrations, Jeanniot la sûreté de son dessin, son étonnante emprise de la vie, etc., etc.

Ce grand effort vers ailleurs et vers le mieux est tel que les manufactures de l'État elles-mêmes ne se peuvent dérober au progrès ; Sèvres néglige les bustes officiels en biscuit et les vases de tombolas pour exécuter les surtouts de table que l'on sait, pour fondre du verre, selon le procédé de Cross, pour chercher les flammés de Chaplet ; les Gobelins qui semblaient audacieux à tisser du Mazerolle mettent sur leurs métiers des Rochegrosse et des Chéret...

L'Art dans Tout, on voit qu'il y arrive ; nous aurions pu multiplier encore les exemples, mais ce n'est là qu'une vision rapide cinématographique, dont les détails apparaîtront au cours des articles suivants ; les sentiers battus ne mènent pas à « la Maison du Livre », l'éclectisme est une indulgence inutile, que nous ne voulons pas avoir ; nous aussi, sommes pour le modern'style ; respectueux du passé, de celui que nous indiquâmes, nous escomptons l'avenir avec le présent et voulons encourager ce qui essaye d'être, parce que l'étape est féconde, parce que l'arrivée au but est certaine.

MAURICE GUILLEMOT.

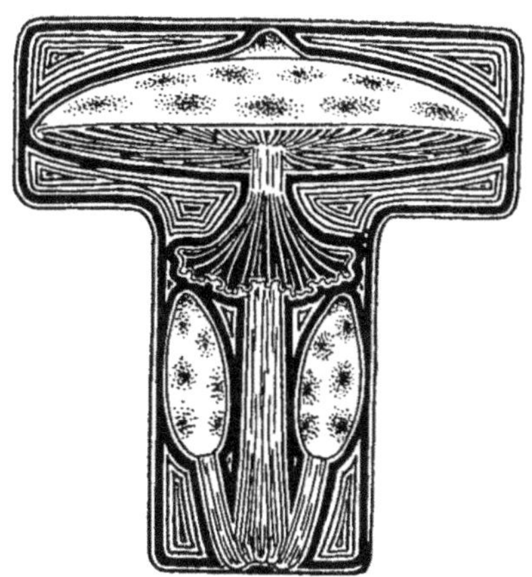

GEORGES DE LYS

—

Les Guerrières

Au d'Esparbès des batailles,
j'offre mes Guerrières.

I. — L'AFFRANCHIE

Les germes crevaient la terre au soleil rajeuni. Dans les pâturages, les étalons hennissants mordaient la crinière des cavales et se cabraient pour des luttes. Sur la déclivité des berges, le cou raidi, le muffle, d'où l'eau s'égouttait, tendu aux odeurs, la queue flagellant les cuisses, les aurochs meuglaient leur désir, et dans les lointains, leur appel ridait de tressauts les flancs émus des génisses. Du mystère des forêts s'éplorait le bramement des cerfs, se répercutaient les heurts de leurs batailles. Dans l'air attiédi s'effaraient des poursuites d'oiseaux, se provoquaient les roucoulements des palombes. L'éveil palpitait dans la nature, épandant un frisson de vie. Les fleurs tendres des amandiers, épanouies aux souffles moites, exhalaient l'odeur d'amour...

Telle la sève dans les plantes, tel le sang fermentait aux veines des êtres. Les corps vivifiés se dilataient de l'éclosion des choses, s'enflaient des poussées vernales. Et les femmes, lasses de ne contempler que leurs pareilles, tournaient d'impatients regards vers les horizons au delà desquels se conquièrent les mâles.

L'ŒUVRE ET L'IMAGE

Les temps étaient venus d'entrer en campagne, de se rapprocher des hommes, non par un séjour énervant chez les peuplades alliées, mais par la capture plus glorieuse de vaincus dont les beaux guerriers, avant d'être sacrifiés au Soleil, assureraient dans leurs unions éphémères, la postérité des nobles Amazones.

Et ces mêmes hommes, ces hommes qu'elles auraient tenus dans leurs bras, qui auraient dormi sur leur sein, affirmeraient encore, par leur inexorable supplice, le mépris des Guerrières pour le sexe maudit.

L'expédition dernière avait été stérile. Des trois cent septante jeunes hommes élus parmi les prisonniers de guerre pour leur force et leur beauté, seules, cent trois filles étaient nées. Plus nombreux vivaient les fils destinés à rejoindre, parmi les ombres, les mânes de leurs pères immolés après l'engendrement.

Un captif était encore dans le palais de la reine.

Selon la croyance populaire, la jeune Penthésilée avait réservé cet étranger pour rehausser de son supplice la cérémonie rituelle du sevrage des filles, de leur consécration au Soleil et l'hécatombe des nouveaunés mâles. Les Amazones jugeaient encore leur reine irritée dans l'orgueil de sa chair, dans la révolte de son sang, d'avoir connu l'homme sans par lui être mère.

Et la jeunesse impatiente réclamait le signal de la souveraine pour se ruer aux combats et aux joies.

Aussi une grande acclamation emplit Thémiscyra lorsque, poudreux et haletant, un coureur étranger heurta aux portes de la ville et répondit à l'interrogation des gardes :

— J'ai nom Phéon d'Ilios ; je suis porteur d'un message de mon maître, le vénérable Priam, pour votre reine.

Le peuple n'ignorait pas les assauts qui déferlaient contre les murs de Pergame comme les vagues des tempêtes sur l'écueil immobile. Il savait le nom d'Agamemnon chef des nations, des deux Ajax, de Nestor le Sage, de Ménélas l'époux inconsolé ; il avait ouï conter la prudence d'Ulysse, la superbe de Diomède, l'indomptabilité d'Achille. La venue du messager, c'était la guerre ! Priam réclamait le secours des invincibles Amazones. Et la foule se réjouissait des luttes imminentes, évoquait la vision prochaine des ennemis qui seraient leurs captifs, leurs époux et victimes ; ces Achéens, les plus beaux des hommes.

LES GUERRIÈRES

Le messager s'acheminait vers le palais de la reine, escorté triomphalement par la multitude.

Il allait, par les voies larges, que bornait, à l'horizon, le moutonnement bleuâtre des montagnes. Sur le seuil des cases cubiques, aux murailles blanches, se pressaient les familles, ces familles de femmes dont les adultes par leur costume et leurs allures de guerrières, sans cesse occupées à la chasse et aux exercices du corps, évoquaient, seules, l'idée du chef, de l'homme banni par leur orgueil.

Et les regards, en convergeant sur le messager, à la fois le saluaient d'un désir et l'insultaient d'un mépris. Plus d'une l'eût abrité sous son toit et admis à sa couche, mais aucune n'eût accepté qu'il sortît en vainqueur. L'œuvre d'amour n'était par elles accepté du mâle qu'en conquérantes ; elles ne se donnaient jamais, elles prenaient l'homme en maîtresses et le rejetaient d'elles une fois leur sein fécondé.

Sur les marches du trône, le Troyen s'inclina et leva vers la reine la branche d'olivier qui faisait sacrée sa personne. Sur un signe, il avança agenouillé, fouilla dans le sachet pendu à son cou et tendit le message de son maître.

Penthésilée déroula le papyrus et son front s'ombra d'un nuage.

— Va à ton repos, dit-elle, après un silence, demain je répondrai à la demande de ton roi.

Hippolyte, sœur de la reine, debout auprès d'elle, avait lu l'appel adressé par le souverain d'Ilios à Penthésilée. Cette temporisation la révolta. Elle enveloppa sa sœur d'un méprisant regard :

— Lâche, pensa-t-elle...

Dans les profondeurs du royal gynécée, doucement éclairées par les lampes d'argile suspendues aux chaînettes d'or, sur l'amas neigeux des toisons soyeuses, la divine Penthésilée, de son bras frais noué au col, attirait sur sa poitrine la tête charmante d'Atys, le beau captif. Ses prunelles d'eau marine se miraient amoureuses, dans le rayonnement d'or fluide où nageaient les pupilles de l'amant. Mais son étreinte se délia, une ombre enténébra le front pur de la reine, l'anxiété barra le sourire de sa bouche fleurie, un brouillard nua son triomphant regard. Elle s'accroupit sur les coussins, abattit le menton dans les paumes, les coudes aux genoux, les dents mordant les ongles.

Dédaigneuse des lois, parjure aux serments de sa race, la jeune reine avait livré son cœur au captif ; elle était serve de l'Amour. Une colère s'était levée en elle à la révélation de sa faiblesse ; elle s'était débattue contre cette enlizante lâcheté, qu'accroissait encore la honteuse stérilité de son hymen. Mais cette révolte avait sombré dans les voluptés que versait à sa bouche les baisers de l'amant.

Lorsque se leva le jour prescrit par les rites, quand s'imposa l'holocauste des captifs, sa passion inventa le stratagème qui lui conservait ses joies. Elle voua son époux comme victime opime du sacrifice offert aux dieux au début de l'expédition future. L'époque lointaine, la joie présente semblaient reculer si longtemps la fatale échéance... et voici que les temps étaient accomplis ;

Atys ! son bel Atys !... Le couteau meurtrier entaillerait son col blanc de cygne, le sang éclabousserait sa tête parfumée de baisers, engluerait la flave auréole de sa chevelure aux ondes soyeuses dont le toucher était si doux ! Ces yeux s'éteindraient, ces yeux célestes, miroirs de sa vie et de sa beauté ! Ces lèvres se cloraient aux paroles câlines, aux caresses plus suaves encore et la vision horrifiante peuplerait les insomnies de ses nuits désormais solitaires. Oh ! vouloir rouvrir ces yeux, enlacer ce cou, baiser cette bouche, et ne plus trouver qu'une eau morte, un marbre glacé, des larmes sanglantes.

Non, non, elle ne perdrait pas son bien-aimé !...

L'horreur de cette évocation avait convulsé le jeune visage de Penthésilée. Atys la contempla, l'âme opprimée par l'angoisse de son amante.

— Quelle furie agite ton cœur, ô Reine de ma vie ? Ferme l'oreille à l'Euménide, entends ma voix, souris à mon sourire.

Penthésilée, farouche, éclata :

— Maudit soit le jour où un Dieu connut ma mère ! maudit le Soleil qui a lui sur ma naissance ! maudit, trois fois maudit celui qui a vu le diadème royal resplendir sur mon front !... Hélas ! je n'ose blasphémer l'heure qui m'a fait te connaître... alors, je n'avais point vécu, et toi, tu fus ma vie !..... Et cependant, de cette heure divine notre malheur est né. Je suis reine, Atys ; être reine c'est être l'esclave de son peuple ; mes sujettes réclament la guerre et l'entrée en campagne doit être précédée de ta mort !...

— Je sais les rites de ta race déclara vaillamment Atys. Et qu'importe !... La mort en plein bonheur est encore un bienfait des dieux.

Par toi j'ai connu les joies, j'ai comblé ma vie. Va, n'hésite pas ; ordonne d'élever l'autel ; j'y porterai ma tête enorgueillie de tes baisers, fière de saigner pour ta gloire.

— As-tu si mal compris mon cœur que tu puisses croire Penthésilée vivante quand Atys aura vécu ?.. Toi seul es ma vie et mon royaume. Sceptre trop lourd, trop cruelle patrie, je vous renie, vous foule aux pieds dans ma fuite, pendue au cou de mon maître, de mon vainqueur. Mieux être son esclave que de régner sur toi !... Debout, Atys, lève-toi, emporte-moi au pays de tes pères !..

Superbe de passion, Penthésilée ceignait ses armes. Elle jeta un équipement de guerrière au jeune Achéen stupéfié.

— Prends ces vêtements, ces armes, dit-elle. Mes deux plus ardentes cavales nous attendent. Avant le jour, nous aurons franchi les frontières... Hâte-toi, l'heure menace.

— Reine, prononça Atys, ton amour m'ensoleille, mais je serais indigne de nous si j'écoutais tes paroles. Je ne te laisserai point flétrir ta gloire. Obéis à tes dieux et satisfais ton peuple.

— Ma gloire ? je la méprise ; mon peuple ? je le hais, s'écria Penthésilée. Je veux vivre ; tu es ma vie ! Par le Soleil notre Père, la main qui enfoncerait le couteau dans ta gorge n'aurait pas lâché l'arme que mon poing aurait planté le fer dans mon sein.

Elle brandissait un poignard dont fulgurait la lame. Atys admirait la jeune guerrière transfigurée de passion.

Alors lui apparut le bonheur de la posséder, à lui, sur la terre des aïeux, de vieillir près d'elle au foyer familial. Son amour serait assez grand pour payer l'Aimée du sacrifice de sa patrie et de sa couronne. N'eût-il pas lui-même tout quitté pour elle ?

Son courage faiblit.

— Tu le veux ?... murmura-t-il.

Elle l'étouffa d'une étreinte :

— Enfin !

Elle lui arracha ses habits, le revêtit du costume des Amazones. Déjà elle l'entraînait, écartait la draperie de l'orée... Un éclair trancha l'ombre. Sans un cri Atys s'affaissa ; ses grands yeux s'éteignirent. Debout sur le seuil se tenait Hippolyte, les bras pendants, la main crispée sur le poignard d'où le sang s'égouttait.

Penthésilée recula, blême de désespoir ; puis rugissante, elle bondit.

la hache levée. Hippolyte jeta son arme, croisa les bras sur la poitrine, et, la tête haute, attendit...

Alors, face à sa sœur, elle prononça, la voix calme :

— J'ai sauvé la Reine !

GEORGES DE LYS.

(*A suivre.*)

Galanterie Posthume

Peut-être, quelque jour, au fond d'un vieux château,
Quand je ne serai plus, experte aux doux mystères,
Ma strophe charmera les heures solitaires
D'une rare beauté, comme en peignit Watteau.

Je la vois, regrettant les galants et les pages.
Dont les arbres du parc ont surpris les serments,
Feuilleter ce missel et de ses doigts charmants,
Réveiller les amours qui dorment dans ces pages...

Votre nom, je l'ai dit aux échos du chemin,
Madame, et c'est bien vous, vous que j'ai poursuivie
A travers les sentiers douloureux de la vie
Ma main, toute la route, a cherché votre main.

Exilé de l'étoile où je vous ai connue,
Je rêvais ici-bas de vivre à vos genoux,
Mais je suis arrivé trop tôt au rendez-vous,
Et j'étais reparti quand vous êtes venue.

L'ŒUVRE ET L'IMAGE

Vous absente, courbé sous le poids des ennuis,
J'ai suivi tristement l'ornière des journées ;
Ma jeunesse a péri sous la faux des années ;
Mon soleil s'est éteint dans le gouffre des nuits.

Plus d'une me versa pour attiser mon zèle
Dans la coupe d'oubli le vin de volupté ;
Quand j'étais sur le point de croire à sa beauté
Une voix me criait toujours : « Ce n'est point Elle ! »

Femme que l'on attend et qui ne vient jamais,
Fantôme de mes sens, idéale maitresse,
C'est vous que j'invoquais du fond de ma détresse
Et dans toutes, c'est vous, vous seule que j'aimais.

Le secret de mon cœur, je n'ai pu vous le dire
Il me tourmente encor sous l'éternel cyprès
Mon âme en ce moment est près de vous, si près
Qu'elle baise vos yeux et boit votre sourire.

Laissez-la vous conter sa peine ; le marteau
De minuit, au milieu du silence, détonne...
Écoutez maintenant comme le vent d'automne
Soupire doucement autour du vieux château !...

Rey Roize.

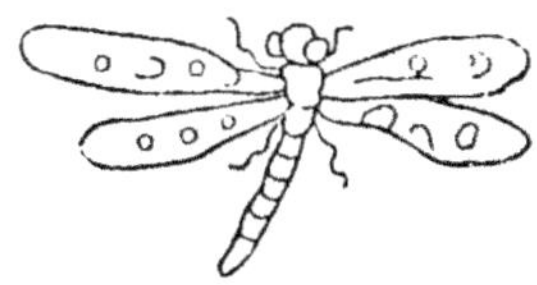

Après l'Église

Le prêtre ce matin vous a bénis. Les cloches
Ont jeté vers le ciel leur appel cristallin
Et vous êtes passés, suivis de tous vos proches,
Parmi les bérets bleus et les coiffes de lin.

Vos parents, ayant mis leurs beaux habits de fête,
Sont venus, puis partis l'un après l'autre, tous.
Puis le soir est tombé, l'ombre lente s'est faite,
Et maintenant la nuit s'étend sur les époux.

Vous êtes seuls. La porte est close ; la chaumière
Frissonne ; et vous restez tremblants, ne parlant pas.
Bientôt le vent du soir éteindra la lumière.
L'amant emportera l'amante dans ses bras.

Car le temps est passé des attentes, des fièvres,
Des premiers tutoiments, des rendez-vous furtifs,
Et les lèvres dans l'ombre ont rencontré les lèvres,
Et voici l'heure des baisers définitifs.

Alors, épouse-vierge, oubliant tout au monde.
Sans vains regrets, sans pudeurs fausses, sachant bien
Que le geste est sacré qui te rendra féconde,
Tu te livreras, âme et corps, ne gardant rien.

Demain tu dormiras plus tard. Lui, dès l'aurore,
T'observera, pensif, craignant de t'éveiller
Et tu connaîtras, lasse et bien timide encore,
L'ivresse du réveil à deux sur l'oreiller.

L'ŒUVRE ET L'IMAGE

Puis viendra le lever, le repas qu'on partage,
Les jours, bons ou mauvais, se suivront tour à tour,
Mais n'ayant qu'un seul but, te donner davantage,
Tu seras jeune, fraîche et belle par l'amour.

Tu prendras en pitié les vierges, les aïeules,
Et, par les froids hivers nostalgiques et lents
Où tant d'autres, le soir, s'endorment toutes seules,
L'époux t'aimera mieux au fond des rideaux blancs.

Là tu lui diras tout, regret, espoir, pensée.
Là tu sentiras mieux qu'il t'aime et te défend.
Là, souvent pâle, ô toi l'éternelle blessée,
Tu seras, frêle enfant malade, son enfant.

Puis bercés par le vent qui monte de la côte,
Pareils à deux oiseaux qui tremblent dans leur nid,
Vous vous endormirez bien au chaud, côte à côte,
Sous le Christ de corail et sous le buis bénit.

Et vous vivrez ainsi, sans remords et sans craintes,
Heureux d'être, marchant dans un rêve, et le jour
Où le ciel qui vous voit bénira vos étreintes,
Vous serez fiers du fils issu de votre amour.

C'est que vous vous serez aimés de tout votre être,
Vous donnant corps et cœurs, c'est que jeunes, ardents,
Vous vous serez unis chastement, sans connaître
L'abandon mesuré de baisers trop prudents.

Et plus tard, lorsque Dieu nous demandera compte
Du rêve de bonheur que vous aviez formé,
Vous serez trouvés purs et vous n'aurez point honte
De mourir dans le lit où vous aurez aimé.

André Dumas.

Les Idoles

OSIRIS

Osiris, Dieu Soleil, source de la lumière
Que sa coupe de flamme épanche en larmes d'or,
Entre au sein de Nephtys, reine des eaux, et dort
Ivre des baisers lents qui closent sa paupière.

Son frère Set, déchu de la splendeur première,
Dieu sombre de la Nuit, du Mal et de la Mort,
A surpris son sommeil. Il frappe sans remord...
Quel cri !!! Les lions roux ont dressé leur crinière...

Le cadavre jeté dans le Nil endormi
Roule au long bercement muet des eaux, parmi
Les pâles nénuphars et les lotus mystiques ;

L'horreur silencieuse emplit l'immensité.
Seuls les sphinx de granit, couchés sous les portiques,
Rêvent, sans voir le deuil du monde épouvanté.

ISIS

Depuis les vastes monts aux cimes étagées,
Berceau sacré du Nil où jamais n'atteindront
Ni les pas des humains, ni le col du héron,
Jusqu'aux sphinx du Memphis accroupis par rangées,

L'ŒUVRE ET L'IMAGE

Isis cherche toujours les entrailles rongées
De l'époux profané par un hideux affront,
Elle a déjà rendu les membres et le front
Au sommeil éternel des noires hypogées.

Vainement, pour sonder l'énorme obscurité,
Elle éclaire le ciel de son disque argenté :
Les chacals ont glapi leur clameur triomphale.

Et, serrant un lambeau putride entre ses dents,
L'aboyeur Anubis, le dieu cynocéphale,
Érige son museau vers les cieux occidents.

HAROÉRI

Les serpents de la nuit ont enserré l'espace
Dans les replis muets de leurs anneaux géants,
Le jour n'irise plus les glauques océans
D'un scintillement pur d'émeraude qui passe.

L'ombre pèse d'en haut comme une carapace ;
Les marbres des autels et les dieux fainéants
Jonchent le sol auprès des sépulcres béants :
Le monde sent planer le grand vautour rapace !

Osiris, Dieu Soleil, est mort !... Haroéri,
Son fils, verse des pleurs ; puis l'aurore a souri ;
Tout meurt et tout revit dans le néant des choses ;

Après l'Occident noir l'Orient radieux,
Et le jeune Soleil fleurit de clartés roses,
La vase où se vautraient les crocodiles-dieux.

Paul Sonniès.

ÉTUDES D'ART HÉRALDIQUE

LA FORMATION DES TROIS ORDRES SOUS L'ANCIEN RÉGIME

Tout le monde en général, se fait une fausse idée de l'ancien régime, et de ses mœurs ; chacun le juge sur des données préconçues.

Ceci résulte du manque absolu d'études sur la constitution sociale d'autrefois.

Mais si l'on examine l'organisation de l'ancienne société féodale, on est amené à voir la vie de nos pères et l'ancienne France sous un tout autre jour.

Il faut prendre la Société française depuis son origine, c'est-à-dire depuis sa formation jusqu'à nos jours, en approfondissant successivement d'abord son organisation puis ses modifications successives.

On jugera alors le régime de la féodalité nécessaire à son époque, et approprié au temps où il régit la France ; on verra que les idées admises sur la division des classes, et la direction du pays avant 1789, sont très fausses et ne sauraient être que des préjugés. — On constatera combien peu de différence il y a entre l'existence sociale au siècle dernier et celle d'aujourd'hui, combien peu de progrès la révolution française a amené ! Qui se douterait par exemple que le XIII° siècle fut une ère de parfaite justice, où de simples paysans lésés obtenaient raison des seigneurs et même du roi et trouvaient partout des défenseurs.

Le préjugé le plus courant en matière nobiliaire est celui qui consiste à considérer la particule comme le signe distinctif de la noblesse ; alors qu'au contraire beaucoup de simples cultivateurs, de vignerons, de journaliers, d'artisans la portaient, de même presque toute la bourgeoisie. Des nobles comme les Séguier, les Tanneguy et bien d'autres n'y avaient pas droit.

Au XII° siècle les noms de famille n'existaient pas ; ou disait : Jacques fils de Jean. — Pierre fils de Jacques, etc. Lorsque le besoin d'une appellation distinctive se fit sentir, on dénomma tout simplement d'après les particularités qui pouvaient distinguer chacun. Ce fut pour les uns l'aspect extérieur : Leblond, Lenoir, Lebrun, Legrand, Beauvisage, Leblanc ; leur infirmités : Lebègue, Leboiteux ; pour les autres leur pays d'origine : Lebreton, Lenormand ; leur fonction : Leclerc (commis aux écritures), Lécrivain [1].

Mais d'autres encore ayant quitté leur ville natale en reçurent le nom précédé de la particule de ; exemple : de Blois, de Vaux, de Mons, de Lille pour les originaires de ces villes ; du Mont (Dumont), du Val (Duval), venus de la montagne, de la vallée.

Voilà des particules appliquées indistinctement à des roturiers comme à des nobles.

On voit donc que contrairement au préjugé populaire qui veut qu'à cette époque chaque homme ait été attaché au sol qui l'avait vu naître, tout français, pouvait au contraire se déplacer ; le serf s'il changeait de maître, ou si s'étant racheté il était devenu homme libre.

Ces hommes libres aussi appelés citoyens des villes, ou les nobles, changeaient de pays, soit parce qu'ils acquerraient au loin des propriétés, soit parce que les guerres, ou des emplois octroyés les faisaient se déplacer.

Puis les seigneurs portèrent bientôt les titres et noms des villes ou territoires sur lesquels leur juridiction s'étendait, et en les léguant à leurs enfants, ils en firent leur nom patronymique et leur titre.

Par exemple : Jacques fils de Jean, était comte de Blois, il prit ce nom et ce titre et fut ainsi l'ancêtre de la famille des comtes de Blois.

Mais cette étude comporte sur ce point de plus amples détails que l'on trouvera plus loin.

Comme on le voit tout ceci ne donne que peu de particules parmi les serfs et

[1] On trouve encore dans quelques rares villes de France, des écrivains publics, c'est-à-dire des personnes qui, moyennant rétribution, écrivent pour les illettrés ou ceux qui le désirent, leur correspondance ou tout autre chose. L'instruction en se répandant a presque complètement fait disparaître ce métier, qui était autrefois une charge comme celle de notaire de nos jours, pour être écrivain public et arithméticien (calculateur), il fallait acheter la charge à son possesseur. Il y avait de ces emplois dans toutes les villes de France, l'écrivain public se tenait généralement dans une échoppe, une petite boutique, portant sa fonction en enseigne, et à cette époque où peu de personnes savaient écrire, le métier rapportait gros et le scribe ne chômait pas.

parmi la noblesse : une autre cause vint (lorsque les familles eurent des noms), qui devait faire prendre la particule par un très grand nombre.

En effet : tous les possesseurs nobles ou non d'une terre quelconque, ajoutèrent à leur nom patronymique l'appellation de leur terre précédée de la préposition *de*.

Exemple de Durfort *de Léobard*. M. de Durfort, possesseur de la terre de Léobard.

Comme on le voit dans tout nom de famille composé, le premier mot est le nom patronymique, le second tire son origine d'une propriété territoriale sans qu'on puisse y attacher une signification nobiliaire.

De même lorsque la terre était titrée, et que son propriétaire n'était pas noble, le port du titre et du nom de sa terre ne l'anoblissait pas ; exemple : *Cresté, Marquis de Beuzeville*, roturier.

Sous Charlemagne, il y avait de grands capitaines, des chefs illustres, des gouverneurs de provinces et de villes qu'on appelait *leudes*.

Les leudes vivaient près de l'Empereur composaient sa cour. étaient les chefs de ses armées, commandaient partout. Ils tranchaient sur tout le reste de la nation, vivaient à part d'elle, dans l'atmosphère de leur orgueil ; le peuple les considérait comme quelque chose d'au-dessus, il les appela les *barons*.

A cette époque, le titre de baron était le seul existant, c'est dire qu'il est de tous le plus ancien. Le premier qui le reçut dans notre pays est *d'après la tradition* un Montmorency ; c'est pourquoi M. de Montmorency s'intitule premier baron de France. Chaque Province a aussi ses premiers barons. C'est ainsi qu'en Guyenne, quatre familles se réclamaient de cette qualité, et comme l'on redoutait entre eux des querelles sanglantes si l'on eût donné cette qualification à l'une d'entre elles seulement dans les réunions de la noblesse, on les appelait : Messieurs les quatre premiers barons. Ceci est la tradition car les premiers barons de Guyenne sont les sires de Montferrand, grands sénéchaux héréditaires de la province. Les sires de Baynac sont premiers barons de Périgord.

FONDATION DE LA NOBLESSE

Après Charlemagne la puissance des descendants des leudes et des barons s'accrut de tout l'affaiblissement de la monarchie.

Le roi avait érigé les villes et les provinces en baronnies et comtés, donné des gouverneurs à ces nouvelles divisions, qui tous avaient été pris parmi les influents barons.

Réunis, ils forcèrent le roi à leur donner leurs places à vie, puis à les rendre héréditaires dans leur famille; ainsi fut créée la caste de la noblesse, car auparavant ceux qui avaient les hauts postes dans la nation prenaient seuls les titres et les privilèges.

Ces gouverneurs héréditaires furent dès lors les seigneurs, les nobles; on les appelait aussi grands vassaux de la couronne; quelques-uns d'entre eux secouèrent peu à peu le joug royal et se rendirent indépendants.

LES VICOMTES

Les comtes, seigneurs ou gouverneurs *d'une ville ou province comtale*, trouvaient souvent l'administration de leurs territoires trop lourde pour eux ; ils divisaient alors leurs pays en emplacement, et plaçaient chaque portion sous les ordres d'un seigneur vassal qui administrait pour eux. Ces derniers prirent le nom de vice-comte (lieutenant du comte) qui devint bientôt vicomte.

Ainsi avant la formation des noms, Jacques, ayant eu la juridiction de Meulan, s'intitula vicomte de Meulan, et au lieu de laisser à sa descendance le nom de Meulan, fut appelé par le peuple *le Vicomte*, appellation qui resta et devint celle de sa descendance; la famille *le Vicomte* est donc de la plus ancienne noblesse.

Les nobles qui portent les noms de nos grandes villes sont les descendants des comtes et des vicomtes de ces cités.

Le célèbre Thibaut qui se soumit à Blanche de Castille était comte de Champagne.

La noblesse de race est celle qui descend de ceux anoblis par les moyens que nous avons relatés ci-dessus.

Pour ceux-là leur noblesse se perd dans la nuit des temps.

Et le mot de race veut dire qu'on ne connaît pas l'origine de la noblesse du gentilhomme ainsi dit ; que le plus ancien acte découvert sur sa famille montre un de ses ascendants noble avant cette époque lointaine et comme descendant lui-même de nobles; cette noblesse est dès lors d'une telle ancienneté qu'on ne peut en retrouver l'origine. Dans ce cas l'on peut croire qu'elle s'est faite d'elle-même, comme celle des gouverneurs de villes, montrée plus haut, qui sont devenus nobles par le fait même, seuls, et par la force des choses.

En résumé, un gentilhomme de race est celui dont la famille est trouvée noble sans anoblissement connu.

Ceux-là s'étaient classés d'eux-mêmes dans la noblesse, en arrivant à être les premiers du pays.

On ne dit pas alors : une famille, mais : une maison : la maison de France, la maison de Montmorency. — De même pour les familles qui eurent haute justice.

Après la formation de la noblesse, les comtes et les vicomtes des villes importantes voulurent bientôt avoir le pas sur ceux qui n'en possédaient que de moindres ; ainsi se classa la noblesse, les comtes eurent le pas sur les vicomtes ; le titre de duc fut créé.

Les ducs étaient tous à l'origine des princes du sang.

On appela alors les terres : duchés, comtés, vicomtés, baronnies.

Pendant ce temps, l'ancien titre de baron tombait au dernier rang ; ceux qui le portaient étaient très nombreux sous Charlemagne, puisque toute l'élite de la population était désignée ainsi ; ceci explique qu'après la mort de ce grand monarque, les barons, trouvant ce titre inférieur, se firent, pour la plupart, *intituler comtes*.

Plus tard ce titre revint un peu en faveur.

Le titre de marquis fut créé en France par François Ier, il est de tous les titres le moins ancien : François Ier le donna pour la première fois à M. de Trans. — Les de Trans sont premiers marquis de France, cette famille est devenue de Villeneuve-Trans. — Le dernier marquis de Trans, premier marquis de France, étant mort récemment, la famille de Villeneuve descendante par les femmes des de Trans releva le nom.

ORDRE D'IMPORTANCE DES TITRES

Sous les Bourbons voici l'ordre des titres en commençant par le plus élevé :

Prince,
Duc,
Marquis,
Comte,
Vicomte,
Baron.
Chevalier,

titres équivalents à chevalier : écuyer, noble.

La qualification de messire a été usurpée par des prêtres ; sire en est l'abréviation ; la qualification de seigneur pouvait être appliquée à des bourgeois.

Sous le premier Empire au contraire le titre de marquis prima celui de duc.

ANCIENNETÉ DES TITRES

Comme nous l'avons vu, le titre le plus ancien est celui de baron.

Celui de prince fut, sous nos rois, appliqué presque exclusivement, aux membres des familles royales.

Puis fut créé le titre de comte d'où vint celui de vicomte.

Le duc apparut ensuite et ne fut donné dans les premiers temps qu'aux princes de la Maison de France.

Le titre de marquis vint ensuite.

HÉRÉDITÉ

Le titre appartient au chef (à l'aîné d'une famille) ; le fils aîné d'un père titré le reçoit à la mort de son père.

Mais si ce dernier est duc de son vivant, il porte le titre de marquis, et cela officiellement dans les actes.

Au contraire, si le père est comte, vicomte ou baron : de son vivant, son fils n'a droit à aucun titre ; c'est-à-dire ne saurait prendre une qualification même inférieure à celle de son père ; tel est le strict droit nobiliaire, mais aujourd'hui, l'usage a établi la règle pour le fils aîné (héritier du titre de son père à la mort de ce dernier) de porter toujours le titre de son père à la condition expresse de le faire toujours suivre du prénom.

La noblesse est régie aujourd'hui par l'article 2 de la charte donnée à Saint-Ouen par Louis XVIII, article qu'aucune loi n'est encore venu abroger ; cet article, dit textuellement : la noblesse est rétablie en France avec tous ses règlements, lois et prérogatives et avec tous ses privilèges non contraires aux lois présentes.

Baron MAXIME TRIGANT DE LATOUR.
Membre du Conseil héraldique de France.

(*A suivre.*)

(Reproduction interdite.)

A L'EXPOSITION — REGRETS ÉPHÉMÈRES
LA MAISON DU LIVRE

CHRONIQUE DE L'ESCRIME

L'ESCRIME n'est pas seulement un sport de plus en plus répandu, c'est un art fait de finesse et de vigueur où toujours ont excellé les qualités de souplesse et d'endurance de notre race.

L'escrime, au moyen âge, n'était composée que de mouvements larges et était plus instinctive que raisonnée. Les combattants d'alors devaient plus souvent leurs victoires à leur force physique et à la chance qu'à leur savoir.

L'art de faire de l'escrime devint plus scientifique par les bases et les règles qui lui furent données vers 1400.

Au moment de la Renaissance, l'escrime, elle aussi, subit, une impulsion nouvelle, et à côté des Robert Étienne, des Clément Marot, des Jean Goujon, les maîtres d'armes italiens, qui vinrent en France, trouvèrent un appui d'autant plus sûr à la cour que François Ier, le « Roi des artistes et des gentilhommes », favorisait, comme on sait, tous les arts.

L'académie d'armes fut fondée en 1567 par Saint-Didier, premier maître d'armes français, mais l'enseignement de l'escrime, ainsi que les armes de travail (rapières) restèrent sous l'influence italienne, et ce n'est que vers 1643 que le fleuret devint à peu de chose près notre fleuret d'aujourd'hui.

*
* *

L'escrime est un art et une science à la fois : un art par la pratique et une science par la théorie.

L'ŒUVRE ET L'IMAGE

L'escrime est un art, parce qu'il faut y montrer de l'adresse, de l'habileté, et de la souplesse ; il faut en outre posséder du jugement, du coup d'œil : tel est le côté artistique. Mais l'escrime suit des règles fixes, dont l'application est obligée pour la résolution des difficultés que l'on rencontre. Vous avez par exemple devant vous un adversaire qui vous oppose tout son savoir-faire ; vous êtes par conséquent, forcé de raisonner, de combiner, de former des plans, pour le surprendre, le tromper, et le frapper : l'escrime est donc une science puisque vous êtes contraint d'avoir recours à vos connaissances.

Comme hygiène, c'est le meilleur exercice que l'on puisse trouver, car il développe les membres et leur donne de la souplesse et de l'aisance. A faire de l'escrime on acquiert de la vigueur et, comme disait un psychologue, elle donne de l'énergie.

Au point de vue esthétique, la science des armes est préférable à la gymnastique, à l'équitation, parce que les poses en sont plus virilement gracieuses.

.˙.

L'escrime aura donc ici sa rubrique spéciale.

D'une part, le lecteur y trouvera une chronique des armes où seront traitées les questions de principes, de doctrines, les enseignements, les écoles diverses, aussi bien dans le passé que de nos jours, ainsi qu'une revue anecdotique relative aux maîtres, aux tireurs célèbres, aux rencontres fameuses, etc., d'autre part, quelques études sur les éditions rares des maîtres anciens ou modernes, qui ont parlé avec autorité de la science des armes.

Enfin tous faits d'actualité : assauts publics, assauts des cercles d'escrime et des salles d'armes auront ici leur compte rendu détaillé et toujours impartial, car nous n'aurons d'autre but que d'aider à vulgariser l'art et la science de l'escrime et le goût des belles armes.

Saint-Michel.

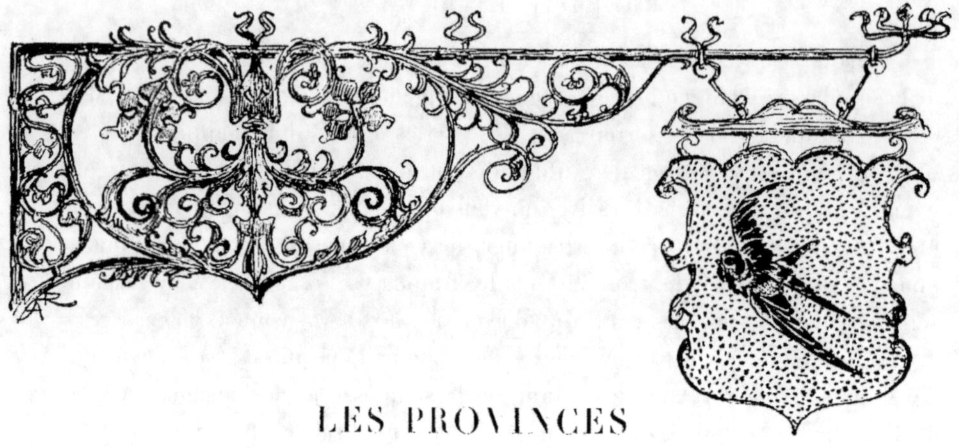

LES PROVINCES

Nous avons pensé que dans cette Revue consacrée à la gloire du livre il importait de ne point oublier les *Provinces* dont les bibliothèques renferment des chefs-d'œuvre que nous aurons souvent l'occasion de citer.

Nous avons donc fait appel à des artistes amis, leur demandant de nous tenir au courant de tout effort artistique et littéraire qui se manifeste autour d'eux. Nos lecteurs en trouveront chaque mois à cette place le compte rendu, ils n'ignoreront donc aucune tentative de décentralisation.

En a-t-on assez parlé, les a-t-on assez désirées dans chaque province ; et comme chacune d'elles fut incomplète, fut mal suivie, malgré les bonnes volontés, malgré les nombreuses Revuettes fondées depuis quelques années et dont beaucoup, hélas! sont mortes !

Quel littérateur n'a pas été sollicité par de jeunes confrères désireux de faire recouvrer à la *petite patrie* sa grandeur en allée ? Beaucoup d'entre ceux maintenant célèbres se sont souvenu. Parisiens d'adoption, ils ont revécu par la pensée le temps bon ou mauvais de jadis, lorsqu'ils étaient les nouveaux venus au cerveau lourd, à la bourse légère, pleins d'illusions candides et de rêves entrevus. Eux aussi ont déploré l'abandon de la ville natale aux rues étroites et mal pavées, pittoresque et vieillotte où leurs premiers songes avaient éclos et

qu'ils ont quittée, eux penseurs, peintres ou poètes, pour venir vers Paris qui attire et consacre, mais qui use et qui tue.

Les provinces n'existent, semble-t-il, qu'à titre de villes d'eaux ou de stations balnéaires, et les hommes de bonne volonté, les amis des Arts et des Lettres, groupés dans tant de villes, voient chaque jour leurs rangs s'éclaircir ; la Revue locale tombe ou s'éteint, Paris a tout pris, ses publications ont accaparé l'intérêt. Paris où tant de gloires s'amoncellent ne rend les hommes de talent à la terre natale qu'après leur mort, lorsqu'une statue s'érige sur la grand'place de la petite ville, que du haut du socle de granit, domine le grand homme de bronze, puissamment et comme à plaisir enlaidi par l'inévitable et rigide redingote.

Le grand public ignore généralement d'où sont venus, où sont nés les artistes. On sait à merveille maintenant que Lamartine était de Mâcon, les articles biographiques et les nécrologies nous ont appris ce fait historique qu'Émile Bergerat nous confirma dans la chanson d'Orliz d'*Enguerrande ;* mais qui se doute que Léandre le citoyen de Montmartre, le croquiste de la Butte naquit à Champsecret (Orne) et Robida à Compiègne.

Eh bien, nous voulons rendre aux provinces les fils perdus, les en allés jadis à la recherche de la gloire, les devenus célèbres et ceux partis de la veille dont les souvenirs sont encore vivants et les camaraderies de village toujours demeurées, tous ceux-là dont Paris s'enorgueillit.

Chaque numéro de *l'Œuvre et l'Image* donnera sous la rubrique *Provinces* quelques pages ignorées d'un disparu, les poèmes récents de quelque jeune, portant comme le cachet d'origine en quelque sorte comme un drapeau, les vieilles armoiries provinciales ; ces œuvres constitueront par la suite une bibliothèque des enfants de chaque province qui pourra collectionner ainsi ses hommes célèbres, et ceux qui demain vont le devenir, qui vivent loin d'elle — il faut vivre — mais qui sont bien d'elle et dont à juste titre elle peut être fière.

Ainsi Paris aura fait connaître au monde l'artiste, mais la ville natale bénéficiera de sa gloire. M. B.

LETTRES DE TOURAINE

Il faudrait un pinceau bien délicat et bien habile pour donner une peinture exacte et rapide du passé artistique et littéraire de la Touraine.

Ce passé se confond, en quelque sorte, avec celui des provinces qui l'avoisinaient. Le Maine, le Poitou, le Berry, l'Orléanais, l'Anjou ont mêlé leur histoire à celle de la Touraine. Et les personnages qui ont illustré cette région pourraient seuls être évoqués et traduits à la barre de l'histoire pour témoigner de la part qu'ils ont pu prendre au mouvement artistique et littéraire de leur pays d'origine. La Touraine constituait, en 1577, une *Généralité* embrassant : Touraine, Anjou et Maine.

En 1790, le département absorbait la province. Et l'on a pu dire avec raison : « que les vieilles provinces étaient toutes désorientées encore d'avoir été tronçonnées en départements, ayant perdu leur vie active et en partie leur caractère, presque leur race avec ses qualités et ses défauts, depuis que, d'une capitale par chacune d'elles, on a fabriqué trois ou quatre chefs-lieux agonisants... ».

Qu'étaient les *Turones*, à l'origine, au temps de Jules César ? — *Imbelles*, au dire de Tacite, peu propres à la guerre pour donner la traduction la plus anodine... C'était, assurément, de l'ingratitude, car l'histoire nous les montre secourant Vercingétorix et envoyant 8.000 de leurs guerriers pour délivrer Alésia.

Ils prennent part sous Tibère, au soulèvement de la Gaule, mais « bientôt, sous l'influence de la douceur de leur climat, retombent dans ce repos qui les a fait qualifier par Sidoine Apollinaire, de *bella timentes*, redoutant la guerre ».

De 507, date de sa soumission à Clovis après la victoire de Vouillé, jusqu'à 800, où Charlemagne la fait passer du royaume de Neustrie dans le royaume d'Aquitaine, la Touraine semble rester indifférente à tout mouvement sérieux dans l'ordre intellectuel. Et nous arrivons ainsi, jusqu'au XVe siècle, ne connaissant réellement, de cette région tant favorisée par la Nature, que son beau et doux climat, ses riches campagnes, qui la font nommer, tour à tour, la *Jérusalem de l'Occident*, ou le *Jardin de la France*... Mais toujours aussi revient cette note : de l'influence de ce climat exceptionnel sur le tempérament et le caractère de ses habitants, qui les porte à cette « *indolence naturelle...* » dont l'agriculture s'est beaucoup ressentie, et qui a influé aussi, bien certainement, sur l'essor des lettres et des arts, portant sur leur développement...

Rabelais naît en 1483. Il devient docteur en 1531. — C'est une des grandes figures de la Touraine, un type de race pourrions-nous dire, et dont le caractère réel et les écrits échappent encore de nos jours, à une saine et judicieuse appréciation « digne d'être étudié sous le rapport philosophique et comme l'un des pères de notre idiome... ».

« Où Rabelais est mauvais, a dit La Bruyère, il passe bien au delà du pire, c'est le charme de la canaille ; où il est bon, il va jusqu'à l'exquis et à l'excellent, et il peut être un mets des plus délicats... ».

Une autre grande figure, c'est Descartes. Nous n'avons pas à le faire connaître ici à des lecteurs qui le connaissent aussi bien si ce n'est mieux que nous. Le *Discours sur la méthode* date de 1637. Le *cogito ergo sum* a conduit le grand écrivain, l'éminent philosophe à une telle exagération de son système qu'il a été « entraîné à des hypothèses plus dangereuses que celles des tourbillons... ».

En plaçant au troisième rang le grand, l'immortel Balzac, lui donnerai-je réellement la place d'honneur qu'il mérite ?... Il est du moins à son rang chronologique. Né en 1799, mort en 1850 ; il est maintenant au lendemain de son centenaire, dans toute sa gloire et dans toute son immortalité ! Il fut incontestablement l'un des plus féconds et des plus remarquables romanciers contemporains. Il eut et il a encore ses adversaires ; mais aussi combien d'amis, combien d'admirateurs passionnés, enthousiastes !...

Ces trois grands hommes pourraient suffire à la gloire littéraire de la Touraine ; mais il est juste de ne point laisser dans l'oubli d'autres noms qui doivent figurer aussi dans ses annales :

Rapin (René) (1621-1687), auteur des *Églogues sacrés*, du *Poème des jardins* et de remarquables comparaisons entre les grands poètes et les grands orateurs ou philosophes de l'antiquité.

Destouches (Philippe-Néricault) qui figure parmi les poètes comiques les plus goûtés de l'époque. Sa comédie *le Curieux impertinent* date de 1709. — Protégé du Régent, il fut ministre plénipotentiaire, membre de l'Académie, etc...

Grécourt (J.-B.-Joseph Villart de) (1684-1743). — Rimeur assez terne, chanoine de Tours. Et pourtant, à défaut de poésie, de verve et d'imagination, écrivain licencieux, l'on peut dire même libidineux. Dutens (Louis) (1770-1812), littérateur d'une certaine valeur. Linguiste : grec, italien, espagnol, langues orientales... L'un de ses ouvrages les plus remarquables : *Recherches sur l'origine des découvertes attribuées aux modernes*, parut de 1766 à 1812.

Enfin Jenson (Nicolas), illustre imprimeur, inventeur des caractères romains. Son *Decor puellarum* est une édition remarquable qui fut imprimée en 1471.

Voilà pour les lettres. — Mais pour les arts dira-t-on ? — Les richesses archéologiques de la Touraine n'attestent-elles point de passage sur son sol des artistes les plus distingués ? — En peinture, en sculpture, en architecture, en musique, elle a possédé et possède encore de réels talents. — Nous aurons l'occasion d'y revenir.

Ce que nous voulons établir dès aujourd'hui, c'est qu'avec un passé comme le sien, — et il est suffisamment honorable et glorieux, — la Touraine ne peut être morte aux lettres et aux arts, ni même en léthargie artistique et littéraire, ni même indifférente au grand mouvement qui tend, de plus en plus, à cette décentralisation, laquelle mettra les choses et les personnes à leur place, laquelle luttera contre l'accaparement, l'absorption d'un seul centre, et *glorifiera chacun dans sa Patrie !...*

Mais, pour atteindre ce but, il faut le concours généreux, dévoué de tous : lettrés et amis des lettres, artistes et amis des arts, écrivains et publicistes, lecteurs et amateurs !...

P. L. L.

LETTRE DE BELGIQUE

On pourrait s'étonner au premier abord de l'extension prise par la Littérature belge, non en Belgique, mais à l'Étranger. Je ne veux parler que des œuvres de langue française, qui forment ici la majorité.

Au cours de ces dernières années nous voyons le mouvement littéraire belge se dessiner en France, s'y préciser, s'y développer, et en même temps exercer sur les lettres françaises une influence considérable, alors qu'en Belgique l'état des lettres semble encore à l'heure actuelle rester non pas stationnaire, mais méconnu, ou pour mieux dire peu apprécié. De ce fait, il serait intéressant de rechercher les causes, qui d'ailleurs se résument en une seule : l'indifférence du public relativement aux Lettres.

Dans un récent article publié par le *Mercure de France*, un de nos écrivains les plus en renom, Georges Eekhoud, nous signalait très justement cet état de choses. Je cite textuellement : « Si les auteurs d'ici ont rencontré un marché et un public, c'est l'étranger qui les leur a procurés » ; plus loin : « Quant à les lire, quant à acheter leurs œuvres, Flamands et Wallons s'en dispensent avec un touchant accord » ; et encore : « Le Belge n'est pas liseur. Il apprécie la peinture d'instinct, parfois la musique par entraînement, mais il est demeuré réfractaire à la littérature. »

Toutes les causes se trouvent donc réunies dans ces trois phrases ; rien de plus naturel, par conséquent, que de voir des écrivains de talent, tels Camille Lemonnier, Maeterlinck, Verhaeren, Eekhoud, et tant d'autres, porter leurs œuvres dans des pays plus appréciateurs : d'où l'extension prise et l'influence exercée à l'étranger, particulièrement en France, par les lettres belges.

Mais ne serait-il pas intéressant de rechercher dès maintenant les causes de l'indifférence du public ? A-t-on fait en Belgique tout le nécessaire pour mettre nos auteurs en lumière ? pour les mettre en rapport avec le lecteur ? Je ne le crois pas.

Je ne connais ici aucun journal quotidien possédant une réelle direction littéraire, pas plus que je ne connais dans ce genre, de publication hebdomadaire. C'est toujours l'article écrit au jour le jour, le compte rendu d'une actualité plus ou moins intéressante, mais jamais une belle page, ou alors, quand cela se produit, cette page est tellement noyée dans un fatras de banalités déconcertantes qu'elle passe fatalement inaperçue. Il est certain qu'une feuille quotidienne bien rédigée, et nous ne manquons pas de bons rédacteurs — voire même une publication hebdomadaire — aurait toutes les chances de secouer l'apathie contre laquelle se heurtent constamment les meilleurs de nos écrivains.

Restent les revues. Il s'en publie tous les ans plusieurs nouvelles. Je n'en connais pas à l'heure présente qui vaillent la peine d'être citées. Quelques-unes, hélas ! disparues, semblaient présenter tous les moyens de réussite : écrivains de talent, questions artistiques traitées avec une grande compétence, etc. Tuées par l'indifférence générale, elles ont dû céder la place à d'autres qui ont déjà subi ou subiront le même sort. Eh bien ! je dois déclarer que là non plus on n'a pas fait le nécessaire pour intéresser le public, pour la bonne raison que la plupart de ces revues étaient dominées par un esprit de Chapelle capable de n'intéresser qu'un nombre limité de lecteurs.

Donc d'un côté pas assez d'extension, de l'autre trop de parti pris. Deux extrêmes qui sont les véritables causes de cette indifférence.

Aucune œuvre importante n'ayant été publiée le mois dernier, je me vois à mon grand regret, réduit en matière littéraire à un silence absolu.

De même en matière dramatique.

Nous n'avons en Belgique aucun mouvement déterminé, pour les œuvres de langue française s'entend, car, paraît-il, le pays est mieux partagé relativement aux œuvres de langue flamande. Force m'est de me déclarer hors la question. Nous possédons cependant à Bruxelles deux théâtres de comédie, deux théâtres rivaux, le théâtre du Parc, et le théâtre Molière, recrutant chaque année tous deux une troupe satisfaisante. Mais ces deux théâtres ne jouent que des œuvres françaises et nous devons citer comme une rare exception l'apparition d'une œuvre belge. Une seule, je crois, fut donnée au cours de la saison théâtrale dernière, *le Cloître*, le drame transcendant de Verhaeren, qui si j'ai bonne mémoire fut représenté peu de temps après sur la scène du théâtre de l'Œuvre. C'est beaucoup trop peu, surtout, si l'on vient à considérer que nous comptons d'une part Camille Lemonnier, auteur du *Mâle* et du *Mort* et d'autre part Maeterlinck, auteur des *Aveugles* et de la *Princesse Maleine*, parmi nos écrivains dramatiques.

Vient la question musicale. Me reportant au début de cet article, je relève parmi les citations empruntées à Georges Eekhoud cette phrase : « Le Belge apprécie parfois la musique par entraînement. » Tel n'est pas mon avis. Le Belge est au contraire essentiellement musicien ; c'est d'instinct qu'il va vers la musique. Je n'en veux pour preuve que la justesse spontanée de son appréciation lorsqu'il se trouve en présence d'une belle œuvre. J'ai toujours constaté chez lui une sûreté de jugement relevant d'un éclectisme parfait : son éducation musicale n'est plus à faire.

Il est à Bruxelles un bon théâtre de musique, dont la réputation, je me plais à

le reconnaître, est universelle, le Théâtre de la Monnaie. Une direction maladroite le laissa récemment péricliter au point qu'un remaniement de fond en comble finit par s'imposer de lui-même, et ce fut avec une légitime satisfaction que nous apprîmes la nomination de deux nouveaux directeurs capables d'en relever le prestige compromis, MM. Kufferath et Guidé. Je ne connais M. Guidé que comme instrumentiste, et ne puis en faire que le plus grand éloge. De son côté, M. Kufferath est l'auteur de plusieurs œuvres théoriques remarquables, parmi lesquelles je citerai *l'Art de diriger l'Orchestre*, en même temps que des traductions des œuvres de Wagner, traductions qui, si elles n'atteignent pas la précision recherchée de celles d'Alfred Ernst, n'en témoignent pas moins d'une grande compétence.

Si nous en jugeons par la composition du programme que ces Messieurs se proposent d'exécuter pendant leurs trois années consécutives d'exercice, nous ne pouvons que nous montrer satisfaits de leur désir de bien faire. Nous y voyons figurer parmi les œuvres wagnériennes, *Tristan et Iseult*, *l'Anneau du Niébelung* en entier ainsi que *Parsifal*, sans omettre *Lohengrin* et *Tannhäuser* qui font partie du répertoire courant. Parmi les autres ouvrages, citons *Louise*, *Henri VIII*, *Gwendoline*, *l'Enlèvement au Sérail* (Mozart), et *le Rêve*.

Malgré ces preuves de bonne volonté je dois néanmoins reconnaître qu'il est encore difficile de prévoir le résultat de cette nouvelle campagne théâtrale. Ceci nécessite quelques mots d'explication. En même temps que la Direction, la troupe fut aussi renouvelée. L'ensemble en est satisfaisant à quelques exceptions près, sur lesquelles je n'insiste pas, n'ayant à faire ici aucune personnalité. Or, jusqu'à ce jour nous n'avons pu apprécier les nouveaux artistes que dans toute l'insipide théorie d'opéras allant des *Huguenots* à *Faust*, de *Faust* à *Aïda* avec des intermittences de *Lakmé*, du *Chalet* et autres insignifiances musicales. Je passerai sous silence une déplorable reprise de *Guillaume Tell*, dont le besoin, même après douze ans d'un sommeil bien mérité ne se faisait aucunement sentir. Pourquoi la nouvelle direction s'acharne-t-elle à produire ses artistes dans ces œuvres soit surannées, soit dépourvues de toute signification artistique ? Qu'on ne vienne pas m'objecter les exigences du Répertoire, car au répertoire se trouvent en nombre égal des ouvrages plus intéressants, et nous ne pourrions certainement qu'y gagner, s'il nous était donné d'entendre dès leur début les nouveaux artistes, dans *Lohengrin* par exemple plutôt que dans les *Huguenots*, dans le *Barbier de Séville*, plutôt que dans *Lakmé*. Que nous importent un *Faust*, ou un *Chalet ?* Qu'en résulte-t-il au point de vue de l'Art ? Qu'on ne vienne pas non plus à ce propos invoquer la question pécuniaire la question de recette. Car du moment que ces pièces sont au répertoire il est toujours temps de les représenter pour la plus grande satisfaction des personnes redoutant les émotions artistiques. Je maintiens qu'il y a tout intérêt à présenter les artistes dans des œuvres à la fois belles et intéressantes. Si je devais ici vous faire le compte rendu des opéras donnés depuis la réouverture du Théâtre de la Monnaie, une seule œuvre pourrait être analysée avec avantage : *Samson et Dalila,* ce qui est tout à fait insuffisant. Nous attendons mieux des nouveaux directeurs, secondés qu'ils sont par le jeune chef d'orchestre et compositeur Sylvain Dupuis — dont je parlerai dans un prochain article — en même temps que d'autres compositeurs Belges. Bruxelles possède en outre deux grands orchestres de concert, le premier dirigé par M. Sylvain Dupuis, cumulant ainsi les fonctions de chef d'orchestre de la Monnaie, et de la Société des Concerts Populaires ; l'autre dirigé par le violoniste Eugène Ysaye. Je relève dans le programme de ce dernier parmi les œuvres classiques, la cinquième symphonie de *Beethoven* et la Symphonie écossaise de *Mendelssohn*, et parmi les œuvres modernes une symphonie inédite de *Huberti*, une autre de *Svendsen*. Au temps de Holberg, de *Grieg*, la Procession nocturne de *Henri Rabaud*, etc. En somme une saison qui promet d'être intéressante, j'espère donc être plus heureux le mois prochain et pouvoir vous parler de quelque œuvre littéraire ou musicale importante.

E. HELLAY.

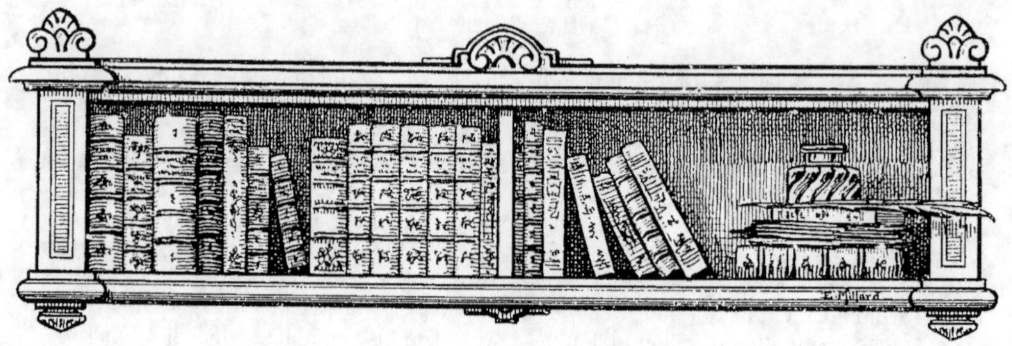

L'HOTEL DROUOT

L'Hôtel des Ventes qui est, par décret spécial, devenu depuis longtemps la place publique, ne ferme jamais ses portes comme tout marché important et qui se respecte; malgré cela nul n'ignore qu'à part les ventes judiciaires, c'est-à-dire forcées, cet établissement tombe en léthargie vers le 15 juillet; il semble digérer le repas énorme qu'il a fait dans l'année, car après un engloutissement qui représente pour ce robuste estomac environ quarante-cinq millions d'armoires à glaces, de fauteuils, de tableaux, de livres, d'objets d'art les plus divers, il est facile de comprendre que ses mâchoires demandent quelque répit; il y a donc trêve pour les mangeurs et les mangés.

Le sommeil dure encore, et le monstre attendra la fin du mois, avant de pouvoir s'étirer, se remuer, et faire retentir les airs du bruit de ses marteaux sonores.

C'est dire que jusqu'ici aucun détail sur les ventes futures n'a transpiré et que l'Exposition qui vient de succomber si glorieusement, a fait autour de la salle Drouot un vide, qu'il va falloir combler. — Bientôt ce sera l'avalanche des vitrines, des agencements tombant sur des montagnes de mobiliers d'hôtels et de maisons meublées, le tout enchevêtré dans l'ordinaire des liquidations et des quelques ventes artistiques nécessitées soit par le décès, soit aussi, hélas ! par les besoins de leurs propriétaires. Ce formidable déménagement qui s'accomplit, n'intéresse certainement pas nos lecteurs et je n'ai qu'à l'envelopper d'un silence parfaitement ouaté, la description de l'acajou et du palissandre étant devenue depuis longtemps déjà l'apanage du ministère des colonies.

Mais il en sera tout autrement de ce qui constitue le mouvement de la curiosité des objets d'art et des tableaux, mouvement dont le régulateur se trouve dans la rue Drouot et ses annexes, puisque c'est là que se confondent les opérations les plus multiples, mais dans lesquelles l'Art pourtant ne saurait perdre ses droits imprescriptibles. Car il est notoire que c'est à l'Hôtel des Ventes que fréquemment les Musées de France, ceux de Londres de Berlin et d'Amérique viennent compléter par l'achat de belles œuvres leurs galeries de tableaux d'objets d'Art et leurs bibliothèques. Qu'il nous suffise de rappeler à la mémoire de nos lecteurs qu'à la vente Spitzer notamment, tous les Musées du monde trouvèrent l'occasion d'augmenter leurs collections de pièces uniques dans tous les genres.

Ceci est tellement exact que, si une vente publique, au mois de juillet même, comprenait un tableau de Thurner dont le Musée du Louvre et bien d'autres ne possèdent aucune toile, si discrètement que soit annoncé ce tableau, on verrait avec quel empressement directeurs de musées, amateurs et professionnels, quitteraient leurs villégiatures pour assister à cette petite solennité.

Ma mission à cette place sera donc de tenir nos lecteurs au courant de ce qui peut les intéresser dans le domaine des ventes publiques.

Le sujet est aride, il ne se prête guère aux fantaisies d'imagination : j'essayerai pourtant de le rendre moins sévère ; les anecdotes sont nombreuses, j'en conterai quelques-unes au hasard de mes souvenirs, et peut-être nos lecteurs m'en sauront-ils gré.

E. VANNES,

Expert à l'Hôtel des Ventes.

Prix de la livraison. . . . . 2 fr.

Abonnements d'un an . . . . 8 fr.

ON S'ABONNE

à la

Société d'Éditions Littéraires et Artistiques

LIBRAIRIE OLLENDORFF

50, Chaussée d'Antin — PARIS — Chaussée d'Antin, 50

et chez tous les Libraires

LA NEF DE LUTÈCE

Pour tous Pérégrins
et Gentilshommes

Voyageant ès rues
du Moult Viel
Quartier du Vieux Paris
Inclyte,
Royalle et Joyeuse
Cité.

Ludovic
BASCHET
ÉDITEUR
12, Rue de l'Abbaye
PARIS

DESSINS, LITHOGRAPHIES EAUX-FORTES, AFFICHES ILLUSTRÉES DES ARTISTES CONTEMPORAINS.

Fabrique de Maroquins et Moutons
33, Rue de Rivoli, 33 — 2, Rue de la Coutellerie, 2

Léon PORQUEREL

Successeur de GUCHE et SUQUET

SPÉCIALITÉS pour MAROQUINERIE, RELIURE, GAINERIE,
Portefeuilles, Sacs de Voyage

WALLENSTEIN

FLEURONS	Graveur	CHIFFRES
Palettes	EN FERS A DORER	Écussons
ROULETTES		PLAQUES
Armes	10, rue de Braque, 10, Paris	Alphabets

Source Badoit
Établissement de Saint-Galmier
(Loire)

L'Eau de Table sans rivale
la plus Limpide

Exiger le Cachet vert
et la Signature

www.ingramcontent.com/pod-product-compliance
Lightning Source LLC
LaVergne TN
LVHW080218200726
843507LV00006B/1026